普通高等教育"十二五"系列教材

电子技术实验指导书
（第二版）

U0643269

主　编　王鲁杨

副主编　施正义　王禾兴

编　写　张健伟　周　键　金　丹
　　　　高小飞　舒筠佳

主　审　孙淑艳

中国电力出版社
CHINA ELECTRIC POWER PRESS

内 容 提 要

本书为普通高等教育"十二五"系列教材。

本书按照高等学校理工科本科生的电子技术基础课程教学基本要求，结合多年来电子技术实践性教学环节改革的经验，根据电子技术的发展和教学改革不断深入的需要，针对加强学生实践能力和创新能力培养的教学目的而编写。全书分为三个部分及附录，第一部分为模拟电子技术实验，第二部分为数字电子技术实验，第三部分为设计性、综合性实验，附录包括几种常用电子仪器的使用说明、常用电子元器件的识别与简易测试、Multisim 8 简介等。各个部分内容既有一定的联系，又具有相对独立性，便于读者选用。

本书可作为普通高等院校电气信息类专业及其他相近专业的实验教材，也可供相关工程技术人员参考。

图书在版编目（CIP）数据

电子技术实验指导书/王鲁杨主编. —2 版. —北京：中国电力出版社，2013.1（2023.11 重印）

普通高等教育"十二五"规划教材

ISBN 978 - 7 - 5123 - 3613 - 1

Ⅰ.①电… Ⅱ.①王… Ⅲ.①电子技术—实验—高等学校—教学参考资料 Ⅳ.①TN-33

中国版本图书馆 CIP 数据核字（2012）第 245464 号

中国电力出版社出版、发行

（北京市东城区北京站西街 19 号　100005　http://www.cepp.sgcc.com.cn）

北京天泽润科贸有限公司印刷

各地新华书店经售

*

2008 年 7 月第一版

2013 年 1 月第二版　　2023 年 11 月北京第十一次印刷

787 毫米×1092 毫米　16 开本　9.5 印张　224 千字

定价 25.00 元

前　言

电子技术是电气信息类专业及其他相近专业本、专科学生的一门重要的技术基础课。电子技术实验是电子技术课程教学的重要组成部分。

通过电子技术实验课程的训练，使学生掌握电路连接、电路测量、故障分析与排除、电路设计等实验技巧，掌握常用电子测量仪器仪表的使用方法及数据的采集、处理和分析方法；通过各种实验现象的观察，培养学生严肃认真的科学态度、踏实细致的实验作风和利用基本理论独立分析问题、解决问题的能力。

《电子技术实验指导书》共选编了 29 个实验，其中 14 个模拟电路实验和 15 个数字电路实验，涵盖了电子技术课程的主要内容，读者可根据需要进行选用。在这些实验中，除了含有传统的理论验证性内容以外，还含有设计性的实验任务；部分实验则完全属于设计性、综合性实验。书后选编了 10 个附录。

正确地使用常用电子仪器是顺利地进行电子技术实验的基础，本书在实验一中重点训练学生使用直流稳压电源、信号发生器、示波器、电压表、电流表等仪器仪表。实验一后附加了"实验报告书写要求"，以规范学生实验报告的书写。

为了帮助学生认识常用电子元器件实物，在附录三中介绍了常用电子元器件的识别与简易测试方法。

书中带"＊"部分为选作内容。

由于后续课程"电子技术课程设计"要求在硬件安装调试之前先使用仿真软件 Multisim X 进行仿真设计，故在附录八中对 Multisim 8 做了简单介绍。在部分实验中要求学生课下进行仿真实验，同时提交仿真实验报告，为顺利进行电子技术课程设计奠定基础。

本书是在我校几十年的电子技术实验教学中逐渐积累形成的，经过了无数次的改编，不断地进行补充、整理、规范和完善，第二版由王鲁杨任主编并负责全书的统稿，施正一、王禾兴任副主编。本书凝聚了上海电力学院各位电子技术教师的智慧和心血。同时，在编写过程中得到了上海电力学院电子教研室、电子实验室全体教师的支持。华北电力大学的孙淑艳教授认真审阅了本书，并提出宝贵意见，在此一并致以诚挚的谢意。

由于编者水平有限，书中会存在疏漏和错误之处，恳请读者批评指正。

编　者

2012 年 8 月　于上海电力学院

目　　录

第一部分　模拟电子技术实验

实验一　常用电子仪器的使用练习

一、实验目的

（1）学会正确使用常用电子仪器及设备。

（2）学会用示波器测量电压波形、幅值、频率的基本方法。

（3）学会正确调节函数信号发生器频率、幅值的方法，熟悉 dB 衰减开关的使用方法。

（4）学会正确使用交流毫伏表的方法。

（5）学会使用直流稳压电源的方法。

（6）了解常用电子仪器主要技术指标，学习阅读仪器说明书的方法。

二、实验仪器及设备

双踪示波器、函数信号发生器、交流毫伏表、直流稳压电源、直流电压表。

三、实验原理

在电子技术基础实验中，最常用的电子仪器有直流稳压电源、测量仪器及仪表、函数信号发生器、示波器等。为了正确观察被测实验电路的实验现象、测量实验数据，必须学会一些常用电子仪器的使用方法，并掌握一般的电子测试技术，这是电子技术实验课的重要任务之一。电子技术实验的基本框图如图 1-1 所示。

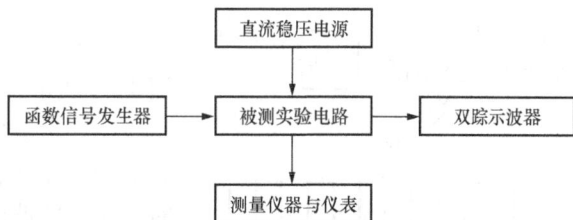

图 1-1　电子技术实验的基本框图

1. 被测实验电路

被测实验电路指在"电子技术"等课程中出现的各种电子电路。实验电路可以是一个单元电路，也可以是综合性、设计性电路。无论何种电路都要使用一些电子仪器及设备进行测量。测量分为两种：一是静态测试，二是动态测试。通过观察实验现象和结果，从而将理论和实践结合起来。

2. 直流稳压电源

它是为被测实验电路提供能源的仪器，通常输出的是电压。

3. 测量仪器及仪表

测量仪器及仪表指用来测量实验电路中电阻、电压、电流、频率等参数的常用仪器，如交流毫伏表、直流电压表、直流电流表、万用表、频率计等。

（1）交流毫伏表，用于测量电路的输入、输出信号的有效值。交流毫伏表只能在其工作频率范围之内，用来测量正弦交流电压的有效值。为了防止过载而损坏，测量前一般先把其量程开关置于量程较大位置上，然后在测量中逐档减小量程。

（2）数字式（或指针式）万用表，用于测量电路的静态工作点和直流信号的值，也可测量工作频率较低时电路的交流电压、交流电流的有效值及测量电路的阻值。

4. 函数信号发生器

函数信号发生器为电路提供各种频率和幅值的输入信号。信号发生器按需要输出正弦波、方波、三角波三种信号波形。通过输出衰减开关和输出幅值调节旋钮，可使输出电压在毫伏级到伏特级范围内连续调节。信号发生器的输出信号频率可以通过频率分档开关进行调节。信号发生器作为信号源，它的输出端不允许短路。

5. 示波器

示波器是一种常用的电子测量仪器，能直接观测和真实显示被测信号的波形。它不仅能观测电路的动态过程，还可以测量电信号的幅值、频率、周期、相位、脉冲宽度、上升和下降时间等参数，是一种常用的电子测量仪器。读者必须熟练掌握示波器的使用方法。所谓熟练掌握有三个标准：①每调节一个开关或旋钮都有明确的目的；②调节顺序正确没有无效动作；③快速。

示波器的使用方法请仔细阅读"附录五 UTD2000L 数字示波器使用说明"。在此说明示波器使用过程中的几个重要问题。

（1）测试探头。测试探头的地线与示波器的外壳相连，因此不能将两个测试探头的地线同时加在同一电路不同电位的两点上，以免电路短路。

测试探头的衰减开关有"1×"、"10×"两档，为使被测波形清晰、完整地显示在屏幕上，当被测波形幅值较小时，选择"1×"档，而当被测波形幅值较大时，选择"10×"档。

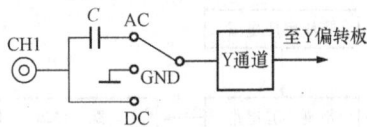

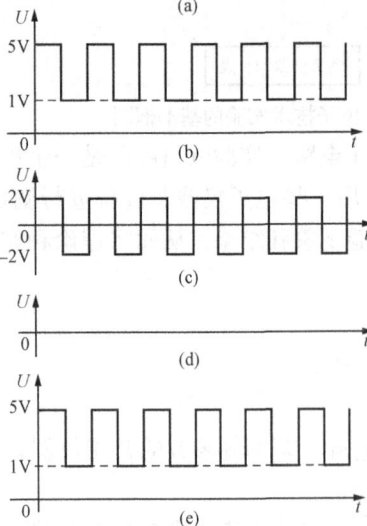

图 1-2 输入耦合选择及每一种
耦合方式的显示效果

（a）输入耦合框图；（b）被测信号实际波形；
（c）输入耦合开关位于 AC 档输出的波形；
（d）输入耦合开关位于 GND 档输出的波形
（e）输入耦合开关位于 DC 档输出的波形

（2）输入耦合选择。示波器的输入耦合方式有交流、接地和直流三种，每一种耦合方式的显示效果如图 1-2 所示。

（3）示波器触发调节的作用和触发源的选择原则。触发调节是示波器操作的难点和易错点，当触发不当时，显示的波形会左右移动或多个波形交织在一起，无法稳定且清楚地显示波形。触发部分调节的关键是正确选择触发源信号。触发源信号选择的原则是：单路测试时，触发源必须与被测信号所在通道一致，例如 Y 通道 CH1 测试时触发源必须选 CH1；双路测试时，选"交替"为触发源。

（4）被测波形电压及时间的测量。被测波形稳定显示在屏幕上后，获得有关电压和时间的方法有自动测量和测算两种。其中自动测量要用常用菜单控制区的"MEASURE"按键，方法如下：

1）按 MEASURE 按键，以显示自动测量菜单；

2）按下 F1，进入测量菜单种类选择；

3）按下 F3，选择电压类；

4）按下 F5，选择 1/4～4/4 页中的某个测量类型；

5）按下 F2，进入测量菜单种类选择，再按 F4 选择时间类；

6）按下 F5，选择 1/3～3/3 页中的某个测量类型。

此时，所选择的电压类、时间类的测量值分别显示在 F1 和 F2 的位置。

测算法根据被测波形在屏幕坐标刻度垂直方向、水平方向所占的格数与相应的电压挡位指示值、时间挡位指示值的乘积，即可算得信号电压和时间的实测值。

例：示波器电压挡位指示值为 2.00V，如果被测波形幅值占垂直方向 1.5 格，则此信号的幅值电压（U_{PP}）为

$$U_{PP} = 2.00 \times 1.5 = 3.0(V)$$

如果探头的衰减开关为"10×"挡，则应把探头衰减 10 倍的因素考虑在内，因此被测电压幅值为 30V。

（5）校准信号的作用。示波器提供一个频率为 1kHz、峰峰值为 3V 的方波信号作为校准信号，其作用是：检查示波器自身的测量是否准确；检查探头是否完好；当使用比较法测量其他信号时，作为标准参考信号。

在示波器的使用过程中，应逐渐学会利用校准信号，这将对提高电子技术实验水平大有裨益。

四、实验内容及步骤

1. 稳压电源与直流电压表的使用

（1）接通电源开关，调节旋钮使两路电源分别输出＋6V 和＋15V，用直流电压表测量输出电压值，将测量值填入表 1-1 中。

（2）分别使稳压电源输出±30V 和±12V，重复上面过程。

表 1-1　　　　　　　用直流电压表测量稳压电源的输出电压　　　　　　　　　　（V）

稳压电源的输出电压	+6	+15	+30	-30	+12	-12
直流电压表测量值						

2. 信号发生器与交流毫伏表的使用

按下信号发生器的 $\sim$ 按钮，选择正弦波输出。将信号发生器频率调至 1kHz，调节"输出调节"旋钮，使仪器面板表头指示于 5V 位置，分别置分贝衰减开关于 0、20、40、60dB，用交流毫伏表分别测出相应的电压值，记入表 1-2 中。

表 1-2　　　　　　　　　　毫 伏 表 的 测 量 值

信号发生器的衰减级别（dB）	0	20	40	60
毫伏表的测量值（mV）				

3. 示波器的使用

（1）迅速显示和测量校准信号的频率和峰峰值：

1）将测试探头接入信号输入通道的 CH1 通道，将测试探头信号线的测试钩挂在示波器校准信号的输出端，测试探头的地端夹子夹在校准信号的地线端（地端夹子悬空，与此效果相同），按下示波器的电源开关（在示波器顶端左侧），并将探头上的衰减开关设定为"1×"。

2）按下 AUTO 按键，数字存储示波器将自动设置使波形显示达到最佳。

3）旋转垂直 SCALE 旋钮，选择电压挡位指示值为"1.00V"；旋转水平 SCALE 旋钮，选择时间挡位指示值为"200μs"。

表 1-3　校准信号频率和峰峰值的测量结果

方法	频率（Hz）	峰峰值（V）
自动测量		
测算		

4）分别用自动测量和测算两种方法测出校准信号的频率和峰峰值，并填入表 1-3。

（2）同时观测两个频率不同的信号：

1）示波器的 CH1 通道依然接校准信号。示波器的 CH2 通道接信号发生器输出的信号。

2）调整信号发生器，使其输出频率为 400Hz、峰峰值为 0.8V 的正弦信号。

3）按下 AUTO 按键，CH1、CH2 两个通道的信号波形分别显示在示波器的上、下半屏幕，但 CH2 通道的波形不稳。

4）按下 TRIG MENU 按键，设置触发源为"交替"，可同时稳定显示两个信号的波形；然后可分别对两个波形进行有关电压、时间的测量。

（3）保存。

保存（2）中稳定显示的两个波形：

1）将 U 盘插入 USB 接口。

2）按下 STORAGE 按键，按 F1 选择"位图"。

3）旋转多用途旋钮，选择合适的存储位置（1～20 中的一个数字）。

4）按下 F4，保存屏幕上的波形。

五、思考题

（1）在电子技术基础实验中最常用的电子仪器有哪些？

（2）为什么将校准信号接入 CH1 通道时，只将测试探头信号线的测试钩挂在校准信号的输出端，测试探头的地端夹子悬空就可以了？

（3）为什么同时观测两个频率不同的信号时，按下 AUTO 按键后 CH2 通道的波形不稳？

（4）交流毫伏表能否测量 20Hz 以下的正弦信号，在使用时应注意什么？

（5）在使用交流毫伏表测量电压时，量程开关一般先置于哪个档？然后根据被测电压的大小再逐步减小到小量程档进行测量，这种说法正确吗？

实验二 单管放大器

一、实验目的

（1）测定共发射极接法单管放大器的静态工作点与电压放大倍数。

（2）研究共发射极接法单管放大器的静态工作点对输出波形的影响，学会根据要求正确选择静态工作点。

二、实验内容

（1）调节并测量静态工作点。

（2）测量电压放大倍数。

（3）研究输入信号大小、静态工作点变化对输出波形的影响。

三、实验仪器及器件

直流稳压电源，双踪示波器，数字函数信号发生器，毫伏表，直流电压表，万用表，单管放大电路实验线路板。

四、实验原理

实验电路如图 2-1，当给单管放大器加上 $U_{CC}=+12V$ 直流电压后，通过偏置电阻 R_{B1}，R_{B2} 可给三极管 VT 提供一个合适的工作状态，静态值由下式估算

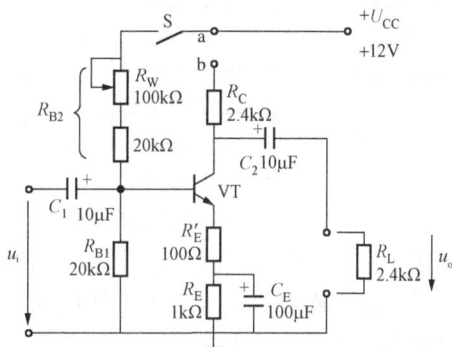

图 2-1 共射极单管放大器实验电路

$$I_C \approx \frac{\dfrac{R_{B1}}{R_{B1}+R_{B2}} \times U_{CC} - U_{BE}}{R_E' + R_E} \quad (2-1)$$

式中，U_{BE} 对硅管一般可取 0.7V，对锗管取 0.2V。

静态工作点的设置，应考虑到在整个信号变化的范围内晶体管始终处于线性工作状态。如果工作点选择不合适，而使静态集电极电流 I_C 太小，工作点下移，就会出现截止失真。解决的办法只能通过调节输入回路的元件参数，使 I_B 值提高来实现。如果 I_C 电流过大，而使工作点上移，就会出现饱和失真，同样可以通过调节输入回路参数，使 I_B 值减小来解决。为使放大电路输出信号不出现饱和失真，要求输出电压的峰值 U_{om} 必须满足

$$U_{om} \leqslant U_{CE} - U_{CES} \quad (2-2)$$

为使放大电路输出信号不出现截止失真，要求输出电压的峰值 U_{om} 必须满足

$$U_{om} \leqslant I_C R_L' \quad (2-3)$$

为了得到最大动态范围，应将静态工作点调在交流负载线的中点。

电路中，C_1、C_2 为隔直耦合电容，C_E 为射极旁路电容，均为有极性的电解电容；R_E'、R_E 为发射极电阻；电压放大倍数为

$$A_u = -\frac{\beta R_L'}{r_{be} + (1+\beta)R_E'} \quad (2-4)$$

五、实验步骤

1. 测量静态工作点

（1）熟悉放大电路实验线路板，然后按图 2-1，用普通导线接入直流稳压电源（+12V）

（不接入数字函数信号发生器），S合上，在 a、b 间接入直流电流表。

（2）调节可变电阻 R_W，使三极管集电极电位 V_C 在 6.5V 左右，用直流电压表、直流电流表测量静态值 V_E、U_{CE}、V_B、I_C；打开 S，用万用表测量 R_W，将数据填入表 2-1 中。

表 2-1　　　　　　　　　　　静 态 工 作 点 的 测 量

V_C (V)	V_E (V)	U_{CE} (V)	V_B (V)	I_C (mA)	R_W (kΩ)

2. 测量电压放大倍数

（1）S合上，将 a、b 间的直流电流表拆掉，改为用普通导线短接。按图 2-2 接上实验仪器。连接实验系统时，信号连接和测量采用屏蔽线（图 2-2 中用带虚线圈的线表示），屏蔽线的金属编织线外层接参考点（地），防止信号受干扰。

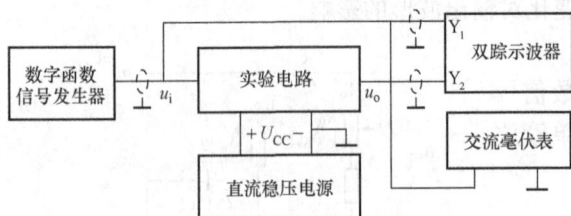

（2）输出端不插入负载 R_L，从函数发生器中输出一个有效值 10mV、频率 $f=1000$Hz 的正弦波信号接到图 2-1 所示电路的 u_i 输入端，用双踪示波器观察输入 u_i 与输出 u_o 的相位关系。用交流毫伏表测量输入电压 u_i、输出电压 u_o，记入表2-2中。

图 2-2　实验系统框图

（3）输出端插入 $R_L=2.4$kΩ 的负载，输入信号不变，在输出电压波形不失真的情况下，测量输出电压，并将数据填入表 2-2 中。

（4）根据测量值计算 A_u，填入表 2-2 中。

表 2-2　　　　　　电压放大倍数的测量（$U_i=10$mV，$f=1000$Hz）

R_L (kΩ)	u_o (mV)	A_u（测算）	u_i 与 u_o 相位关系
∞			
2.4			

3. 观察静态工作点对输出波形失真的影响

保持 S 闭合，a、b 间短接，负载 R_L 不取下。输入信号为 150mV（有效值）、1000Hz 的正弦波。调节 R_W，使 V_C 分别为可调范围的最小值（5V 左右）和最大值（10V 左右），观察静态工作点上移或下移时输出波形失真情况，并记录在表 2-3 中。

表 2-3　　　　静态工作点对输出波形失真的影响（$U_i=100$mV，$f=1000$Hz）

V_C(V)	最小值（约 5V）	最大值（约 10V）
u_i 波形		

V_C(V)	最小值（约 5V）	最大值（约 10V）
u_o 波形	u_o(mV) 0 ────── t(ms)	u_o(mV) 0 ────── t(ms)

* 4. 测量最大不失真输出电压峰峰值 $U_{omp\text{-}p}$

保持 S 闭合，a、b 间短接，负载 R_L 不取下。逐步增大输入信号（$f=1000\text{Hz}$）幅值，并同时调节 RP（改变静态工作点），用示波器观察 u_o，当输出波形同时出现截止失真和饱和失真时，说明静态工作点已调在交流负载线的中点。

然后反复调整输入信号，使输出波形幅度最大，且无明显失真时，用交流毫伏表测出 U_{om}（有效值），则 $U_{omp\text{-}p}=2\sqrt{2}U_{om}$，或直接用示波器读出 $U_{omp\text{-}p}$。

注意：

输入信号幅值增大时，应不断调整示波器灵敏度选择开关 V/div，使示波器屏幕上显示完整的波形，并应使 u_i 显示在上半屏，u_o 显示在下半屏。

六、实验报告要求

（1）对单管放大器静态工作点，理论值和实验结果列表进行比较，分析误差产生的原因。

（2）比较 $R_L=2.4\text{k}\Omega$ 和 $R_L=\infty$ 的电压放大倍数，说明负载电阻 R_L 对电压放大倍数的影响。说明共射极单管放大电路 u_i 与 u_o 的相位关系。

（3）绘出 V_C 分别为 5V 和 10V 时的 u_o 波形，说明静态工作点对输出电压波形失真的影响。

*（4）得到的最大不失真输出电压峰峰值 $U_{omp\text{-}p}$。

*（5）进行仿真实验，并提交仿真实验报告。

七、相关知识

双踪示波器有两个探头，可同时观测两路信号，但这两个探头的地线都与示波器的外壳相连。所以两个探头的地线不能同时接在同一电路的不同电位的两个点上，否则这两点会通过示波器外壳发生电气短路。

当需要同时观察两个信号时，必须在被测电路上找到这两个信号的公共点，将探头的地线接于此处，探头各接至被侧信号，只有这样才能在示波器上同时观察到两个信号，而不发生意外。

八、思考题

（1）可否由实验步骤 1 中测量出的各直流电压求出 I_C？如何测量 RP 的大小？

（2）负载电阻变化对放大电路静态工作点有无影响？对电压放大倍数有无影响？

（3）放大电路中哪些元件是决定电路静态工作点的？

（4）无限增大电路负载电阻是否可无限增大 A_u，为什么？请说出理由。

（5）有的同学在测量静态工作点结束后把直流电源拆除了再测量电压放大倍数，请问这样能否得到正确的测量数据？为什么？

（6）通过图解分析法说明式（2-2）和式（2-3）。

实验三　场效应管多级放大器

一、实验目的

(1) 掌握场效应管多级放大器的电路组成及其静态工作点的测量方法。

(2) 掌握多级放大电路电压放大倍数、输入电阻、输出电阻的测量方法。

二、实验内容

(1) 调节并测量静态工作点。

(2) 测量电压放大倍数。

(3) 测量输入电阻、输出电阻。

三、实验仪器及器件

直流稳压电源，数字函数信号发生器，双踪示波器，交流毫伏表，直流电压表，万用表，电阻箱，场效应管电路实验线路板。

四、实验原理

两级阻容耦合放大电路如图 3-1 所示。它由共源极放大器和射极跟随器两级放大器级联组成。两级放大电路之间的交流信号通过耦合电容 C_2 及下级输入电阻连接，称为阻容耦合。电容具有耦合交流信号的作用，同时，也具有隔离直流成分的作用。因此，各级的直流通路相互独立，静态工作点互不影响，可分别进行调整。

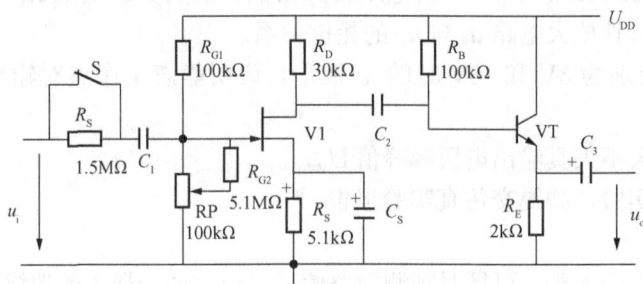

图 3-1　两级阻容耦合场效应管放大电路

本实验电路由于使用了场效应管，使得它具有很高的输入阻抗。这样，它对信号源的影响就很小，输入耦合电容 C_1 可采用容量较小的无极性电容。射极跟随器的输出阻抗很小，增强了放大器的带负载能力。

五、实验步骤

1. 调整并测量静态值

熟悉场效应管电路实验线路板，接上直流电源 $U_{DD}=+15V$，连接测试仪器。调整电位器 RP，使场效应管的漏极电位为 $V_D=7V$，测量各级电路的静态工作电压并将测试结果填入表 3-1。

2. 测量电压放大倍数

闭合开关 S，使 $R_S=0$，输入频率 $f=1000Hz$、有效值 $U_i=30mV$ 的正弦信号，用双踪示波器同时观察输入 u_i 与输出 u_o 的波形。在输出电压波形不失真的情况下，用交流毫伏表测量输入电压 U_i 和输出电压 U_{o1}、U_{o2}，计算总的电压放大倍数，结果填入表 3-2 中。

表 3 - 1		静态值的测量（$V_D=7V$）		（V）
V1		V_T		
V_S	V_G	V_B	V_C	V_E

表 3 - 2	电压放大倍数的测量（$U_i=30mV$，$f=1000Hz$）			
U_{o1}（mV）	A_{V1}（测算）	U_{o2}（mV）	A_{VT}（测算）	A_V（测算）

3. 测量输入电阻 R_i

闭合图 3 - 1 所示电路中的开关 S，使 $R_S=0$，调节输入信号的大小，使输出电压 U_o 为某一值（如 $U_o'=1V$），（在输出电压波形不失真的条件下）；打开开关 S，接入 $R_S=1.5M\Omega$，输入信号不变再测得其输出电压 U_o 为 U_o''。由图 3 - 2 可得

$$R_i = \frac{U_o''}{U_o'-U_o''} \times R_S$$

4. 测量输出电阻 R_o

闭合开关 S，使 $R_S=0$；输出端负载开路。调节输入信号的大小，使输出开路电压 U_o 为某值，如 $U_o'=1V$（在输出电压波形不失真的条件下）。然后在输出端接上电阻箱，调整电阻数值，使 U_o 下降到原数值的一半（如 $U_o''=U_o'/2=0.5V$），此时电阻箱的读数即为输出电阻 R_o，结果填入表 3 - 3 中。

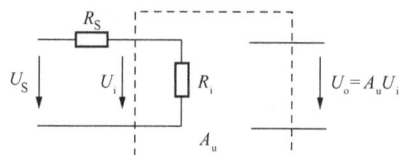

图 3 - 2 测量输入电阻 R_i 原理图

表 3 - 3			输入电阻、输出电阻的测量			
R_i				R_o		
U_i（mV）	U_o'（mV）	U_o''（mV）	R_i（Ω）（测算值）	U_i（mV）	U_o'（mV）	$U_o''=U_o'/2$ 时的 R_o（Ω）

六、实验报告要求

（1）记录实验数据。

（2）计算 A_u、R_i、R_o 数值。

（3）证明 $R_i = \dfrac{U_o''}{U_o'-U_o''} \times R_S$。

七、相关知识

测量输出电阻 R_o 时，也可用如图 3 - 3 所示，负载电阻 R_L 代替电阻箱，得

$$R_o = \frac{U_o'-U_o''}{U_o''} \times R_L$$

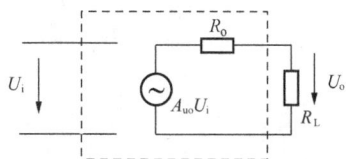

图 3 - 3 测量输出电阻

由于 R_o 很小，当 R_L 较大时，U_o' 与 U_o'' 的差很小，用上式误差较大。所以，一般采用本实验所采用的半电压法测输出电阻 R_o。

八、思考题

（1）在场效应管与晶体管参数未知的情况下，是否能够计算出输入电阻的大小？请将理论值与实验值进行比较。

（2）场效应管放大器输入回路的电容 C_1 为什么可以取小一些？

（3）一般测量输入电阻时，先测出 U_i、U_s、R_s，再根据公式 $U_i = \dfrac{R_i}{R_i + R_s} \times U_s$，计算 R_i。为什么在这个实验中，测量场效应管输入电阻时要用测量输出电压的方法？

实验四　负反馈放大器

一、实验目的
(1) 掌握负反馈放大电路静态工作点的调整和测试方法。
(2) 掌握负反馈放大电路频率特性的测量方法。
(3) 进一步了解负反馈对放大电路性能指标的影响。

二、实验内容
(1) 调节两级放大电路的静态工作点。
(2) 测量不接负反馈与接入负反馈两种情况下放大电路的频率特性。
(3) 研究负反馈对放大电路电压放大倍数、通频带及失真的影响。

三、实验仪器及器件
直流稳压电源，数字函数信号发生器，双踪示波器，毫伏表，万用表，负反馈放大器实验线路板。

四、实验原理
图 4-1 是由两级共射极放大器所组成的负反馈放大电路，反馈回路由 R_{e1}、C_f、R_f 等组成，为电压串联负反馈。

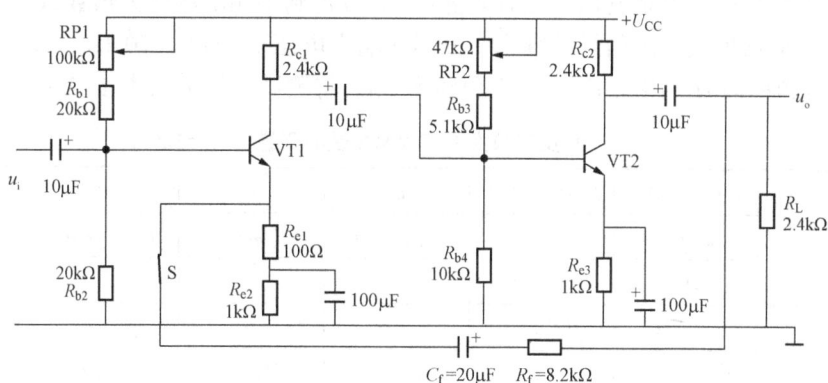

图 4-1　负反馈放大电路

由于放大电路中等效串联电容（包括耦合电容、旁路电容）和等效并联电容（PN 结等效电容）的存在，它对中频信号的放大能力最大，当信号频率升高或降低后，其放大能力均要下降。电压放大倍数 A_u 与输入信号频率 f 之间的关系称为放大器的幅频特性。阻容耦合放大电路的幅频特性曲线如图 4-2 所示。图中，A_{um} 为中频电压放大倍数，通常规定电压放大倍数随频率变化下降到中频

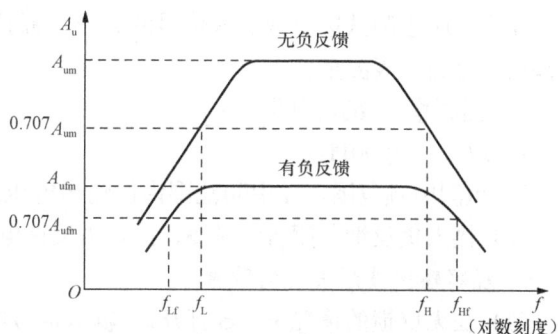

图 4-2　阻容耦合放大电路的幅频特性

放大倍数的 $1/\sqrt{2}$ 倍即 $0.707A_{um}$ 所对应的频率分别称为上限频率 f_H 和下限频率 f_L，通频带为

$$f_{BW} = f_H - f_L$$

测量放大器的幅频特性就是测量不同频率信号时的电压放大倍数 A_u。每改变一个信号频率，测量其相应的电压放大倍数，测量时应注意取点要恰当，在低频段与高频段应多测几点，在中频段可以少测几点。此外，在改变频率时，要保持输入信号的幅值不变，且输出波形不失真。

负反馈可以展宽放大器通频带，增加放大倍数的稳定性，减小非线性失真，抑制干扰和噪声以及改善输入、输出阻抗等。

五、实验步骤

1. 调整和测量静态工作点

熟悉负反馈放大器实验线路板，接入 +12V 直流电源，调整和测量各级放大器的静态工作点。要求

$$VT1：V_{C1} = 9.5 \sim 10V$$
$$VT2：V_{C2} = 6.5 \sim 7V$$

2. 测量放大电路的频率特性

（1）不接入负反馈。断开开关 S，不接入负反馈电路。输入适当频率* f_o、有效值 $U_i = 2mV$ 的正弦电压信号，测量输出电压有效值 U_{om}，以得到中频电压放大倍数 A_{um}。保持 $U_i = 2mV$ 不变，降低或增大输入信号的频率，分别使输出电压下降到 $0.707U_{om}$，此时测量所对应的输入信号频率即为下限频率 f_L 和上限频率 f_H。将测试结果填入表 4-1 中。

表 4-1　　　　负反馈放大电路频率特性的测量 $(U_i = 2mV)$

S打开（无负反馈）	f (kHz)	$f'_L(<f_L)=$	$f_L=$	$f_o=$	$f_H=$	$f'_H(>f_H)=$
	U_o (mV)		$U_{om}/\sqrt{2}=$	$U_{om}=$	$U_{om}/\sqrt{2}=$	
	A_u					
S闭合（有负反馈）	f (kHz)	$f'_{Lf}(<f_{Lf})=$	$f_{Lf}=$	$f_{of}=$	$f_{Hf}=$	$f'_{Hf}(>f_{Hf})=$
	U_{of} (mV)		$U_{omf}/\sqrt{2}=$	$U_{omf}=$	$U_{omf}/\sqrt{2}=$	
	A_{uf}					

注意：应边测试边监视输入信号的大小，保持 $U_i = 2mV$ 不变。输入、输出电压的有效值都用交流毫伏表测量。

* 适当频率 f_o 的两种取法：

1）取 $f_o = 1000Hz$。

2）粗测中频范围，在中频范围内使输出电压最大的频率点即为 f_o。

（2）接入负反馈。闭合开关 S，接入负反馈电路，重复步骤（1），记录测量结果。

3. 观察输出波形失真的改善

（1）在无反馈的情况下（S打开），输入信号的频率保持 1kHz，用双踪示波器同时观测 u_i、u_o 的波形，逐步增大输入信号 U_i，使输出波形出现失真，同时记录 u_i 及失真输出 u_o 的波形。

（2）接入负反馈回路（S闭合），u_i 不变，观察并记录 u_i、u_o 的波形，与 1）中的输出波形进行比较。

六、实验报告要求

（1）在半对数坐标纸上作出基本放大器和负反馈放大器放大倍数的幅频特性，标出上、下限频率点。

（2）由本实验所得的现象和结果，总结负反馈放大器对放大倍数、通频带、失真的影响。

*（3）进行仿真实验，并提交仿真实验报告。

七、思考题

（1）如输入信号存在失真，能否用负反馈来改善？

（2）负反馈放大电路的反馈深度 $|1+\dot{A}\dot{F}|$，决定了电路性能的改善程度，但是否是反馈深度越大越好，为什么？

（3）如按深度负反馈估算，则闭环电压放大倍数 $A_{uf}=$？和测量值是否一致？为什么？

实验五　单电源互补对称功率放大器

一、实验目的

（1）通过对单电源互补对称功率放大器电路的调整和测试，进一步掌握这种放大器的性能和特点。

（2）掌握功率放大器各项性能指标的测量方法。

二、实验内容

（1）测量输出功率。

（2）观察频率响应。

（3）研究末级偏置、自举作用对失真情况的影响。

三、实验仪器及器件

直流稳压电源，函数发生器，双踪示波器，毫伏表，万用表，实验线路板。

四、实验原理

图 5-1 是一种无输出变压器的互补对称功率放大器电路，简称 OTL（Output Transformer Less）电路。VT1 组成驱动级，VT2、VT4 和 VT3、VT5 分别构成复合功放管组成输出级。仅从输出级考虑，有最大不失真输出电压时的中点（A 点）电位应为 $U_{CC}/2$，此时最大不失真输出功率为

$$P_{omax} = \frac{\left(\dfrac{U_{CC}}{2} - U'_{CES}\right)^2}{2R_L}$$

式中，U'_{CES} 为复合管的等效饱和压降。

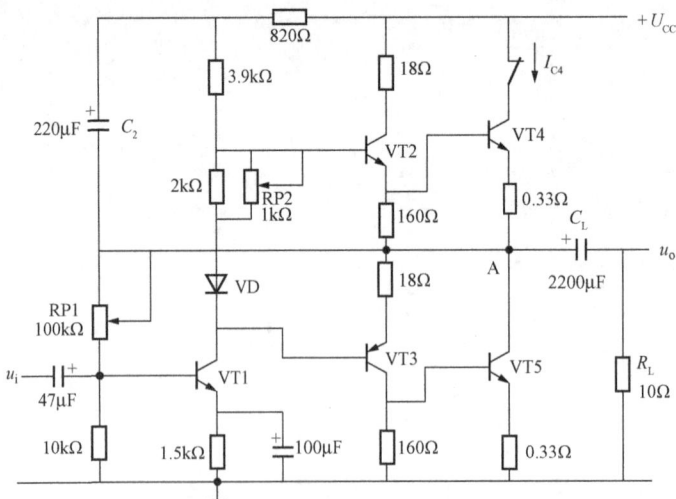

图 5-1　无输出变压器的互补对称功率放大电路

若 U'_{CES} 可忽略，则

$$P_{omax} \approx \frac{U_{CC}}{8R_L}$$

乙类功率放大器的理想效率 $\eta_{\max}=78.5\%$，在本实验中，复合管的 U_{CES}' 可达 1.5V 以上。又为了消除交越失真，放大器必须工作在甲乙类，同时由于受推动级最大不失真输出电压的限制（在 U_{CC} 公用情况下），故实际效率低于理想效率。RP1 为 VT1 管上的偏置电阻，也是该电路的交直流负反馈电阻，它有稳定中点电位作用，调节 RP1 可调整中点电位等于 $U_{CC}/2$。该电路采用了一个自举电路，C_2 为自举电容，可提高推动级等效电源幅值，从而使输出电压的正向幅值得到提高，也使推动级的等效交流集电极电阻增加（不包括输出管负载效应在内），所以提高了交流放大倍数。

五、实验步骤

1. 调整静态工作点

熟悉实验线路板，接通直流电源（+24V）。

（1）调节 RP1 使中点（A 点）电位为 +12V。

（2）将电流表串于 VT4 管的集电极上，调节 RP2 使 I_{C4} 为 5～10mA。

（3）再次检查 A 点电位，其若有偏离应再次调节 RP1，使其为 +12V，同时再次检查集电极电流 I_{C4}。应反复调节几次，以达到上述要求。

（4）拆除电流表，电路复原。

2. 测量输出功率

（1）以 10Ω、15W 电阻作负载，从函数发生器输入 $f=1000\text{Hz}$ 正弦信号，当输入信号增大时，观察输出波形上、下削波是否对称。

（2）用毫伏表测量放大器最大不失真输出电压 $U_{o\max}$。

3. 观察频率响应（低频响应）

减小 U_i 使输出 $U_o=1\text{V}$，记录此时的 U_i 值，并保持其值不变，减小信号频率，使输出电压 $U_o=1/\sqrt{2}=0.7\text{V}$，此时的输入信号频率即为下限频率 f_L，记录之。

4. 观察输出电压失真波形

去除末级偏置（使 RP2 等于零），观察输出电压波形产生失真的情况，记录输出电压的失真波形。

5. 观察自举作用

去除自举（断开 C_2），观察输出电压波形及最大不失真输出功率有何变化，记录之。

六、实验报告要求

（1）按实验内容列出所有的实验数据。

（2）计算 $P_{o\max}$、P_E、η 及 A_u。

（3）画出交越失真波形，并分析产生交越失真的原因。

（4）从理论上对 η 进行计算。在纯乙类工作状态下，η 的计算式为

$$\eta = \eta_{\max} \times \frac{U_{CC}/2 - U_{CES}'}{U_{CC}/2}$$

式中，η 为理论值；$\eta_{\max}$ 为理想值。

并与实际测量进行比较，分析理论值与实际值差异的原因。

*（5）进行仿真实验，并提交仿真实验报告。

七、相关知识

功率放大器按输出形式分为三种：OTL 功率放大器、OCL（Output Capacitor Less）功率

放大器、BTL（Balance Transformer Less）功率放大器。目前，较多采用的是 OTL 电路。

互补对称功率放大电路由一个 NPN 三极管和一个 PNP 三极管组成推挽电路。为了得到电流放大系数大、输出特性相近的两个 NPN、PNP 三极管，功放电路的输出级通常采用复合管。复合管由两个或两个以上的三极管组合而成。

两个三极管组成的复合管有 4 种接法，如图 5-2 所示。其中图 5-2（a）是由相同类型三极管组成的，图 5-2（b）是由不同类型三极管组成。

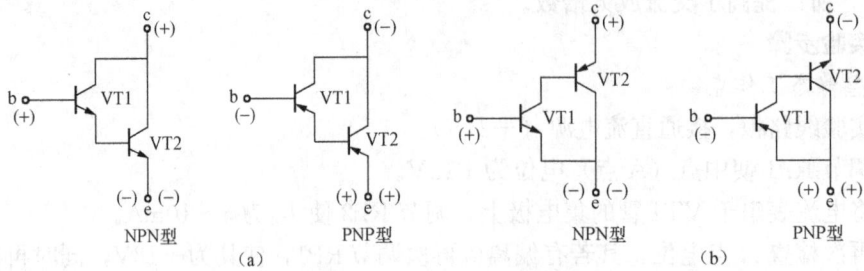

图 5-2　复合管的接法

（a）相同类型三极管组成的复合管；（b）不同类型三极管组成的复合管

由两个相同类型三极管所组成的复合管，其 β 和 r_{be} 分别为

$$\beta \approx \beta_1 \beta_2$$

$$r_{be} \approx r_{be1} + (1 + \beta_1) r_{be2}$$

由两个不同类型三极管所组成的复合管，其 β 和 r_{be} 分别为

$$\beta \approx \beta_1 \beta_2$$

$$r_{be} \approx r_{be1}$$

八、思考题

（1）为什么可以用单电源实现推挽电路？

（2）说明图 5-1 所示电路中二极管 VD 的作用。

实验六 差 动 放 大 器

一、实验目的
(1) 加深对差动放大器性能及特点的理解。
(2) 掌握差动放大器的测试方法。

二、实验内容
(1) 测量静态工作点。
(2) 测量双端输入时的差模、共模电压放大倍数。
(3) 研究射级电阻对电路性能的影响。
(4) 测量单端输入时的电压放大倍数。

三、实验仪器及器件
直流稳压电源，函数信号发生器，毫伏表，万用表，实验线路板。

四、实验原理

差动放大器，也叫差分放大器，它是由两只特性完全相同的半导体三极管所组成的对称电路，各相应电阻参数也完全相同，如图6-1所示。该电路具有两个输入端和两个输出端，根据需要可组成单端输入、双端输入、单端输出、双端输出等形式。差动放大器不但能传输一般的交流信号，还能传输包括直流在内的极低频率的信号，因此频率响应极好。由于电路对称，在双端输出时具有抑制零点漂移的作用。

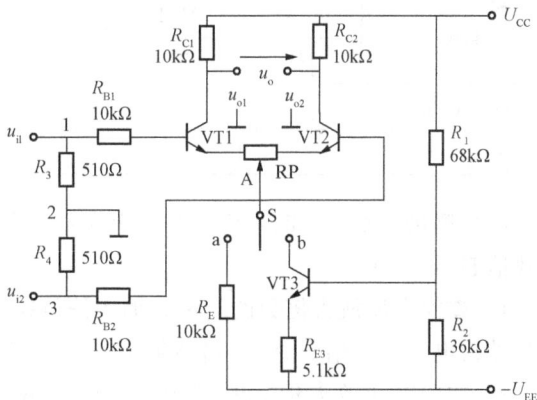

图 6-1 差动放大器

当开关 S 置于"a"时，构成典型差动放大器。调零电位器 RP 用来调节 VT1、VT2 管的静态工作点，使得输入信号 $u_i = 0$ 时，双端输出电压 $u_o = 0$，即抑制零点漂移。R_E 为两管共用的发射极电阻，它对差模信号无反馈作用，因而不影响差模电压放大倍数，但对共模信号有较强的负反馈作用，故可以有效地抑制共模信号，稳定静态工作点。

当开关 S 置于"b"时，构成具有恒流源的差动放大器。三极管 VT3 的交流等效电阻远远大于 R_E，可以进一步提高差动放大器抑制共模信号的能力，使其具有更高的共模抑制比。

当两输入端 1、3 之间加入一信号 u_i 时，VT1 管的输入为 $u_{i1} = u_i/2$，VT2 管的输入为 $u_{i2} = -u_i/2$，即两管获得大小相等、极性相反的信号——差模信号，经放大后的输出电压为

$$u_{od1} = -A_{ud1} u_i/2, u_{od2} = A_{ud2} u_i/2$$

在电路参数一致时有

$$A_{ud1} = A_{ud2}$$

$$u_o = u_{od1} - u_{od2} = -A_{ud1} u_i$$

当将两输入端 1、3 短接后与地之间接入输入信号 u_i 时，VT1 和 VT2 管的输入为 $u_{i1} = u_{i2} = $

u_i，即两管获得大小相等、极性相同的信号——共模信号，经放大后的输出电压为

$$u_{oc1} = - A_{uc1} u_i , u_{oc2} = - A_{uc2} u_i$$

在电路参数一致时有

$$A_{uc1} = A_{uc2}$$

$$u_o = u_{oc1} - u_{oc2} = 0$$

即差动放大器在双端输出时具有抑制共模信号的作用。

五、实验步骤

1. 典型差动放大器性能测试

在图 6-1 电路中，开关 S 置于"a"处。

（1）测量静态工作点。

1）熟悉实验线路板，接通直流电源 $U_{CC} = +12V$，$U_{EE} = -12V$。

2）调零。将两输入端 1、3 与地短接，然后调 RP，使输出电压 $u_o = 0V$。

3）测量静态工作点。测量 VT1 和 VT2 管各极对地的静态电压（U_C、U_B、U_E 及 U_A），将数据填入表 6-1 中。

表 6-1   典型差动放大器静态工作点的测量   (V)

参数	VT1			VT2			
	U_C	U_B	U_E	U_C	U_B	U_E	U_A
测 量 值							
理 论 值							

（2）测量双端输入时差模、共模电压放大倍数。输入信号为正弦波，频率 $f = 1000Hz$，有效值 $U_i = 0.1V$。

1）差模电压放大倍数的测量。输入信号接入两输入端 1、3 之间，测量 u_{od1}、u_{od2}、u_{od}，计算差模电压放大倍数 A_{ud}，将数据填入表 6-2 中。

2）共模电压放大倍数的测量。两输入端 1、3 短接后与地之间接入输入信号，测量 u_{oc1}、u_{oc2}、u_{oc}，计算共模电压放大倍数 A_{uc}，将数据填入表 6-2 中。

表 6-2   典型差动放大器双端输入时动态性能的测试

输入信号	测 量 值			测 算 值		
差模信号	u_{od1} (mV)	u_{od2} (mV)	u_{od} (mV)	A_{ud1}	A_{ud2}	A_{ud}
共模信号	u_{oc1} (mV)	u_{oc2} (mV)	u_{oc} (mV)	A_{uc1}	A_{uc2}	A_{uc}

（3）射级电阻对电路性能的影响。将图 6-1 所示电路的 A 点接地，重复步骤 1、2，自拟表格记录测量结果。

（4）测量单端输入时的电压放大倍数。将图 6-1 所示电路的 2、3 短接，使 VT2 输入端接地，输入信号接入 1、2 两端。输入信号 $f = 1000Hz$，有效值 $U_i = 0.1V$，测量 u_{od1}、u_{od2}、u_{od}，计算差模电压放大倍数 A_{ud}，将数据填入表 6-3 中。

表 6 - 3   **典型差动放大器单端输入时动态性能的测试**

测 量 值			测 算 值		
u_{od1}（mV）	u_{od2}（mV）	u_{od}（mV）	A_{ud1}	A_{ud2}	A_{ud}

2. 具有恒流源的差动放大器性能测试

在图 6-1 电路中，开关 S 置于 "b" 处。

重复步骤 1 中的（2），并将测量结果记入表 6-4 中。

表 6 - 4   **具有恒流源的差动放大器双端输入时动态性能的测试**

	测 量 值			测 算 值		
差 模 输 入	u_{od1}（mV）	u_{od2}（mV）	u_{od}（mV）	A_{ud1}	A_{ud2}	A_{ud}
共 模 输 入	u_{oc1}（mV）	u_{oc2}（mV）	u_{oc}（mV）	A_{uc1}	A_{uc2}	A_{uc}

六、实验报告要求

（1）将理论计算和实验测量的静态工作点列表进行比较。

（2）根据实验步骤 1 中的（2）及步骤 2 的测量结果计算典型差动放大器和具有恒流源的差动放大器双端输入时差模和共模电压放大倍数，求 K_{CMR}，并对结果进行比较。

（3）根据实验步骤 1 中的（3）所得结果，说明 R_E、$-U_{EE}$ 的作用。

（4）根据实验步骤 1 中的（4）的测量结果计算单端输入、单端输出和单端输入、双端输出时的电压放大倍数，并与理论值比较。

*（5）进行仿真实验，并提交仿真实验报告。

七、相关知识

在差动放大器中，要求对称电路中对应元件的参数相同。而在实际电路中，各对应参数总存在一些差异，因而在电路中加入 RP，也是两管的负反馈电阻，能大大扩展差动放大器的线性范围。

八、思考题

（1）差动放大器中 R_E 起何作用？它的大小对电路性能有何影响？

（2）为什么要对差动放大器进行调零？

实验七　运算放大器基本应用一（线性运算电路）

一、实验目的

(1) 掌握由集成运算放大器组成的基本运算电路的调试和实验方法。

(2) 掌握由运算放大器组成的各种基本运算电路的运算关系。

二、实验内容

(1) 实现比例运算。

(2) 实现加法运算。

(3) 实现微分运算。

(4) 实现积分运算。

三、实验仪器及器件

直流稳压电源、双踪示波器、直流信号源函数信号发生器、直流电压表、变阻器、实验线路板。

四、实验原理

目前集成运算放大器已经广泛使用于信号放大、模拟运算、波形发生、信号变换及有源滤波、稳压电源等多种电路上。本实验为集成运算放大器的基本线性应用，比例、加法、微分和积分电路。实验中所使用的集成运算放大器是中增益集成运算放大器，开环增益达 85dB 以上。在一般的电子线路中，输入、输出电压都为一定的有限值，因此运算放大器处于线性应用条件下，输出达到该值所需的输入电压 $U_i = U_o/A_u$ 是很小的，它与信号电压 U_s、输出电压 U_o 相比可忽略，即认为 $U_i \to 0$，$I_i = U_i/r_i \to 0$（I_i 为流入反向端 2 的电流，r_i 为运算放大器反向端 2 和同向端 3 之间的输入阻抗），因而 2 端的电位实际上非常接近于 3 端的电位。在本实验中就接近于零电位，因此，称 2 端为"虚地"，这个概念很重要。在一般的线性应用中都加入很深的负反馈，以实现各种运算。

1. μA741 芯片

μA741（或 HA17741）是一款集成运算放大器芯片，其管脚排列如图 7-1 所示。它为 8 脚双列直插式组件，其引脚分别为：

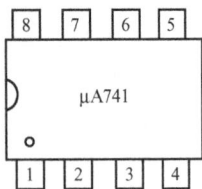

图 7-1　μA741 管脚排列

PIN2：反向输入端；

PIN3：同向输入端；

PIN6：输出端；

PIN4：负电源端；

PIN7：正电源端；

PIN1、5：调零端；

PIN8：空脚。

2. 调零

调零电路如图 7-2 所示。集成运算放大器做直流运算使用前均应进行调零，即在零输入时调节调零电位器 RP，使输出电压为零。

调零应在闭环条件下进行，并使同向与反向输入端对地电阻相等，输出电压应用小量程电压挡测量。

若调节调零电位器 RP 输出电压不能达到零值，或输出电压不变（例如等于 $+U_{CC}$ 或 $-U_{EE}$），则应检查电路接线是否正确，如输入端是否短接或接触不良，输入短路接线有没有开路，电路有没有闭环等。若经检查接线正确、可靠，但仍不能调零，则可怀疑集成运算放大器损坏或质量不好。

一般，调零电路、电源等不在原理电路图中体现。

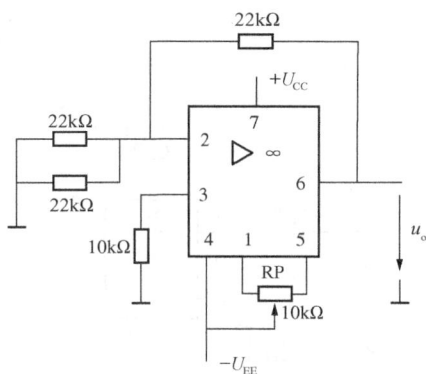

图 7-2　调零电路

3. 比例运算

反向比例运算原理电路如图 7-3 所示。在图 7-3 及以后的各运算电路中，未画出直流偏置电源和调零电路。对于理想运算放大器，输入、输出关系为

$$u_o = -\frac{R_f}{R_1} u_s$$

比例因子 $-\dfrac{R_f}{R_1}$ 只与 R_1 和 R_f 有关，而与运算放大器参数及 R_L 无关。

输入信号 u_s 从直流信号源取。

4. 加法运算

加法运算原理电路如图 7-4 所示。输出与输入之间的关系，与比例运算电路相类似，为

$$u_o = -\left(\frac{R_f}{R_1} u_{s1} + \frac{R_f}{R_2} u_{s2}\right)$$

输入信号从直流信号源取。

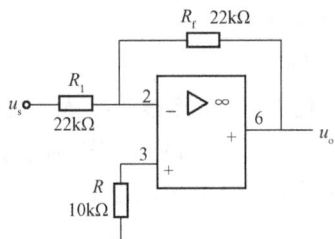

图 7-3　反向比例运算原理电路

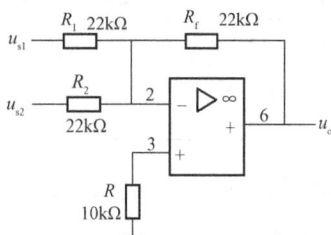

图 7-4　加法运算原理电路

5. 微分运算

微分运算原理电路如图 7-5 所示。在微分运算电路中，有

$$i_s = C \frac{du_s}{dt}$$

$$u_o = -R_f i_s = -RC \frac{du_s}{dt}$$

6. 积分运算

积分运算原理电路如图 7-6 所示。在积分运算电路中，有

$$i_s = \frac{u_s}{R_1}$$

$$u_o = -\frac{1}{C}\int i_s \mathrm{d}t = -\frac{1}{R_1 C}\int u_s \mathrm{d}t$$

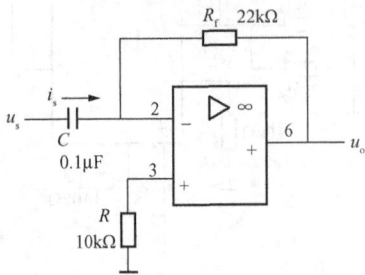

图 7-5　微分运算原理电路

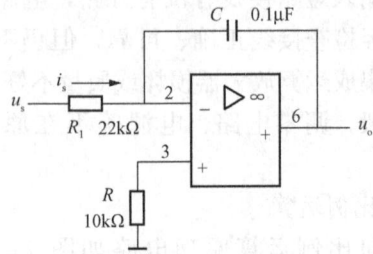

图 7-6　积分运算原理电路

五、实验步骤

熟悉实验线路板，接通直流电源 +12V、-12V。

1. 比例运算

（1）调零。按图 7-2 接线，调节调零电阻 RP，使 $u_o = 0$（直流电压表测量）。

（2）按图 7-3 接线，从直流信号源取 1V 直流电压作为 u_s，测量输出电压 u_o，记入表 7-1 中。

2. 加法运算

（1）调零。

表 7-1　比例运算与加法运算的测量结果　（V）

基本运算	u_s	u_o	
		测量值	理论值
比例运算	1V		
加法运算	$u_{s1}=1$V $u_{s2}=1.5$V		

（2）按图 7-4 接线，从直流信号源分别取出 $u_{s1}=1$V、$u_{s2}=1.5$V 作为输入信号，测量输出电压 u_o，记入表 7-1 中。

3. 微分运算

（1）调零。

（2）按图 7-5 接线，接入方波信号（$f=500\mathrm{Hz}$，$U_{sPP}=0.4$V），用示波器同时观察输入、输出电压波形，在实验记录纸上将输入、输出电压上下对准相位记录。

4. 积分运算

（1）调整积分零漂。将图 7-6 所示积分运算电路的输入端接地，并用短路线将电容 C 短路，此时积分器复零。用数字电压表监测输出电压，若输出电压不为零，应调整运算放大器的调零电位器 RP，使 $u_o = 0$。然后去掉短路线，再次调整调零电位器，使积分器零漂最小。

（2）在图 7-6 电路的 u_s 输入端接入方波信号（$f=50\mathrm{Hz}$，$U_{sPP}=0.4$V），用示波器同时观察输入、输出电压波形，在实验记录纸上将输入、输出电压上下对准相位记录。注意：应使用示波器的直流耦合方式（DC）观察输出电压波形。

然后再用示波器的交流耦合方式（AC）观察输出电压波形，并做记录。示波器在两种不同耦合方式下显示的波形情况是否相同？

六、实验报告要求

（1）画出实验电路，整理和分析实验数据，并与理论值比较，分析产生误差的原因。

（2）分析讨论实验中出现的现象和问题。

*（3）进行仿真实验，并提交仿真实验报告。

七、相关知识

在实际积分电路中，电容两端通常并联一个较大阻值的电阻。这个电阻起到为积分电容放电提供通路的作用。

八、思考题

（1）在同向输入端（3端）上外接的电阻有什么作用？为什么反向放大器存在"虚地"？它与通常所说的"地"有什么区别？

（2）在反向加法器中，如 u_{s1} 和 u_{s2} 均采用直流信号，并选定 $u_{s2} = -1V$，当考虑到运算放大器的最大输出幅度（$\pm 12V$）时，$|u_{s1}|$ 的大小不应超过多少？

*（3）实验步骤 4 中的积分运算电路输出电压 u_o，用示波器的不同耦合方式（AC 或 DC）观察时显示的波形情况是否相同？为什么？

实验八　运算放大器基本应用二（施密特触发器）

一、实验目的

(1) 通过实验，熟悉运算放大器非线性应用的性能特点。

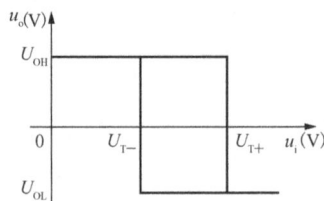

(2) 掌握施密特触发器电压传输特性。

(3) 掌握非正弦信号产生的原理与调试方法。

*(4) 研究施密特触发器输出矩形波占空比的调整方法。

二、实验内容

(1) 测试施密特触发器的电压传输特性。

(2) 用施密特触发器产生矩形波。

*(3) 研究施密特触发器输出矩形波的占空比在有关参数改变时的变化情况。

三、实验仪器及器件

直流稳压电源，直流信号源，双踪示波器，函数信号发生器，变阻器，直流电压表，集成运算放大器 $\mu A\,741$，电阻。

四、实验原理

施密特触发器是一个具有正反馈的电压比较器，运算放大器处于非线性应用，如图 8-1 所示。U_{REF} 和 u_o 决定了运算放大器同向输入端的电平。输出电压仅为接近正负电源电压的两个饱和电压 U_{OH} 和 U_{OL}，决定了运算放大器同向输入端的参考电平也仅为两个值：输出电压等于 U_{OH} 时为 U_{T+}（称为上门限电压），输出电压等于 U_{OL} 时为 U_{T-}（称为下门限电压）。

在 $u_o = U_{OH}$ 时，$u_+ = U_{T+}$，待 $u_- = u_i$ 且略大于 U_{T+} 时，触发器要翻转，$u_o = U_{OL}$。

在 $u_o = U_{OL}$ 时，$u_+ = U_{T-}$，待 $u_- = u_i$ 且略小于 U_{T-} 时，触发器要翻转，$u_o = U_{OH}$，如图 8-2 所示。由于正反馈的存在，电路翻转的时间很短。该电路被广泛地用于幅度比较器及整形电路中。施密特触发器应用于波形变换电路，将正弦波、三角波、锯齿波等变换为矩形波。

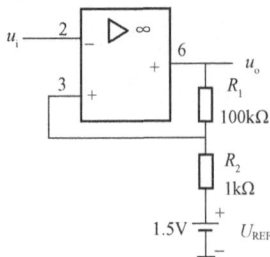

图 8-1　施密特触发器原理电路　　　　　图 8-2　施密特触发器传输特性

* 矩形波（见图 8-3）的占空比 α 是指矩形波的宽度 t_{on} 与周期 T 的比，即

$$\alpha = \frac{t_{on}}{T}$$

图 8-1 所示施密特触发器在输入信号 u_i 一定的情况下，上、下门限电压 U_{T+}、U_{T-} 决定矩形波的下跳、上跳时刻，从而决定矩形波的宽度。在周期 T 一定的条件下改变矩形波

的宽度可以改变输出 u_0 的占空比 α。

五、实验步骤

1. 连接实验电路

按图 8-1 所示电路，根据运算放大器管脚功能接线。经检查无误后，接通直流电源 +12V（管脚 7）、-12V（管脚 4）。+12V、-12V 取自直流稳压电源，U_{REF}、u_i 取自直流信号源。

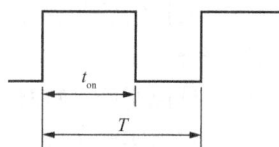

图 8-3　矩形波

注意：直流稳压电源、直流信号源的接地端"⊥"要用短路线短接形成"共地"，输出信号也要用"共地"。

2. 输出饱和电压 U_{OH}、U_{OL} 的测量

调整 u_i 为 0V，用直流电压表测量输出 u_0，此值即为正向饱和电压 U_{OH}。

调整 u_i 为 2V，用直流电压表测量输出 u_0，此值即为反向饱和电压 U_{OL}。

将上述数据记入表 8-1。

3. 门限电压 U_{T+}、U_{T-} 的测量

调节 u_i，使其从 0V 缓慢上升，用直流电压表监视 u_i 和 u_0，使 u_0 翻转的 u_i 值即为 U_{T+}，记入表 8-2。将 u_i 升至 2V 然后缓慢下降，用直流电压表监视 u_i 和 u_0，使 u_0 翻转的 u_i 值即为 U_{T-}，记入表 8-2。将 u_i 减至 0V，再重复上述过程 2～3 次。

表 8-1　　输出饱和电压的测量　　（V）

u_i	0	2
u_0	$U_{OH}=$	$U_{OL}=$

注意：在调节过程中，u_i 上升时不得下降，u_i 下降时不得上升。

表 8-2　　　　　　　　门 限 电 压 的 测 量　　　　　　　　（V）

门限电压	测 量 值					测 算 值
	第1次	第2次	第3次	第4次	平均值	
U_{T+}						
U_{T-}						

4. 施密特触发器用于波形变换

输入信号 u_i 为 100Hz 正弦波（或三角波），电压峰峰值约为 4～6V（示波器测量为准），用双踪示波器同时观察 u_i、u_0 波形，确定 U_{T+}、U_{T-} 的数值，记录波形。

注意：

(1) 信号源的接地端"⊥"要接至电路的"共地"。

(2) u_i 的峰值过小时无输出。

﹡5. 施密特触发器输出矩形波占空比的调整

自拟实验步骤，研究图 8-1 所示施密特触发器输出矩形波的占空比与哪些因素有关。用示波器观察，有关元件参数变化时 α 如何变化，变化范围是多少？

自拟表格记录实验结果，包括有关元件参数的变化情况、相应的矩形波波形（标明周期、宽度、幅度）、α 的变化范围。

六、实验报告要求

(1) 推导门限电压 U_{T+}、U_{T-} 与饱和电压 U_{OH}、U_{OL} 以及参考电压 U_{REF} 的关系。

（2）根据实验步骤 2、3 做出施密特触发器的电压传输特性。计算 U_{T+}、U_{T-}，是否与实验值符合？

（3）试说明施密特触发器输入端加正弦波，输出端得矩形波的原理。

（4）作出实验步骤 4 中 u_i、u_o 波形，在图上明确标出 U_{T+}、U_{T-} 的位置和大小。

*（5）给出结论：图 8-1 所示施密特触发器输出矩形波占空比的调整方法。

*（6）进行仿真实验，并提交仿真实验报告。

七、相关知识

1. 施密特触发器

施密特触发器又称迟滞比较器（或滞回比较器），是非正弦信号产生电路中的一种，用途十分广泛。利用它所具有的电位触发特性，可以进行脉冲整形，把边沿不够规则的脉冲整形为边沿陡峭的矩形脉冲；通过它可以进行波形变换，把正弦波变换成矩形波。另一个重要用途就是用它进行信号幅值鉴别，只要信号幅值达到某一设定值，触发器就翻转，所以常称它为鉴幅器。用施密特触发器还能组成多谐振荡器和单稳态触发器。

2. 共地问题

一般电子电路都有一个公共地，直流稳压电源、直流信号源、交流信号源、基本电路的地都要连在一起，即共地。如果电子电路的各部分之间没有共地，电路将不能正常工作，观测到的实验结果将不正确。

八、思考题

（1）改变 R_1、R_2 的阻值对电路性能有影响吗，为什么？

（2）试阐述采用施密特触发器实现脉冲整形的原理。

实验九 运算放大器基本应用三（文氏电桥振荡器）

一、实验目的

（1）了解集成运算放大器在振荡电路方面的应用。掌握文氏电桥振荡器的工作原理、起振条件和平衡条件。

（2）掌握文氏电桥振荡器的调整方法。

（3）掌握文氏电桥振荡器振荡频率与 RC 时间常数的关系。

二、实验内容

（1）测试负反馈电路对振荡器性能的影响。

（2）验证幅值平衡条件。

（3）测试振荡频率，研究振荡频率与 RC 时间常数的关系。

（4）测试 RC 串 - 并联选频网络的幅频特性。

三、实验仪器及器件

直流稳压电源，双踪示波器，毫伏表，函数信号发生器，数字频率计，文氏电桥振荡器实验线路板。

四、实验原理

文氏电桥振荡器即 RC 桥式振荡器，典型的 RC 桥式振荡器如图 9 - 1 所示。它是由主放大器和反馈网络两部分组成。

RC 串 - 并联网络组成正反馈回路，以产生正弦自激振荡，它具有选频的作用。R_1、R_2、RP 及二极管 VD1、VD2 构成负反馈网络和稳幅环节。它们正好组成了一个电桥，如图9 - 2 所示。其中 $R_\Sigma = RP + R_2 + R_{3D}$，$R_{3D}$ 为 R_3 与二极管 VD1、VD2 的并联等效电阻。

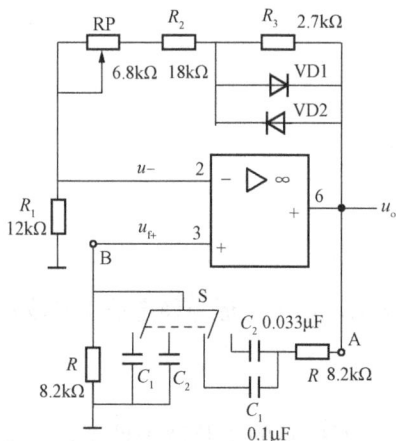

图 9 - 1 文氏电桥振荡器

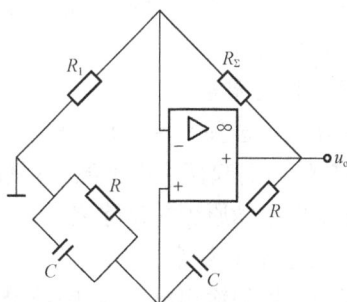

图 9 - 2 桥式画法

振荡器的起振条件为：$|\dot{A}\dot{F}| > 1$，其中起振的幅值条件为：$AF > 1$。

起振的相位条件为

$$\varphi_a + \varphi_f = 2n\pi, \ n = 1, \ 2, \ 3, \ \cdots$$

式中，φ_a 为放大器的相移角；φ_f 为选频网络的相移角。

振荡器的平衡条件为：$|\dot{A}\dot{F}|=1$，其中幅值平衡条件：$AF=1$。

相位平衡条件：$\varphi_a+\varphi_f=2n\pi$，$n=1$，2，3，…

正反馈网络（选频网络）的反馈系数为

$$\dot{F}=\frac{1}{3+j\left(\omega RC-\dfrac{1}{\omega RC}\right)}$$

当 $\omega=\dfrac{1}{RC}$ 或 $f=\dfrac{1}{2\pi RC}$ 时，反馈系数的模 F 最大，$F_{max}=\dfrac{1}{3}$，同时选频网络的相位移 $\varphi_f=0$。

因而只要放大器（包括负反馈）的放大倍数略大于3，而 $\varphi_a=0$，电路就有可能产生振荡，振荡频率为

$$f_o=\frac{1}{2\pi RC}$$

调整 RP 可改变负反馈的反馈系数，从而调整放大电路的电压放大倍数，使之满足振荡的幅值条件。

二极管 VD1、VD2 为自动稳幅元件，其作用是：当 u_o 幅值很小时，二极管 VD1、VD2 相当于开路，此时由 VD1、VD2 和 R_3 组成的并联支路等效电阻 R_{3D} 较大，电压放大倍数近似为

$$A=1+\frac{RP+R_2+R_{3D}}{R_1}>3$$

有利于起振；反之，当 u_o 幅值较大时，VD1、VD2 导通，并联支路的等效电阻 R_{3D} 随之下降，如果此时 $A\approx3$，则 u_o 幅值趋于稳定。另外，采用两只二极管反向并联，目的是使输出电压在正、负两个半周期内轮流工作，使正半周和负半周振幅相等（两只二极管特性应相同，否则正负半周振幅将不同）。

五、实验步骤

1. 连接实验电路

熟悉图 9-1 所示文氏电桥振荡器的实验电路板。

接直流电源（$U_{CC}=\pm12V$）。

2. 振荡电路的调整

拨动 S 开关，选择 $C=0.033\mu F$。

调节 RP 使电路起振，用示波器观察输出信号 u_o，输出波形为稳定的正弦波；如果电路不振荡，要找出故障原因并排除之。

3. 验证幅值平衡条件

在保证振荡器的输出电压 u_o 幅值最大、稳定、不失真的正弦波条件下，用交流毫伏表测量 u_o 和反馈信号 u_{f+}、反向输入端信号 u_- 的有效值 U_o、U_f、U_-，计算反馈系数 $F=U_f/U_o$，放大电路的电压放大倍数 $A=U_o/U_-$，并将结果记入表 9-1 中。

4. 测量振荡频率

调节 RP 使输出电压有效值 $U_o=7V$ 左右，用频率计测出振荡频率 f_o，并将结果记入表 9-2 中。

拨动 S 开关，选择 $C=0.1\mu F$，重复上述步骤。

表 9 - 1　　　　　　　　　　　反馈系数及放大电路放大倍数的测量

	测　　量　　值			测　算　值	
	U_o (V)	U_f (V)	U_- (V)	F	A
$C=0.033\mu F$					
$C=0.1\mu F$					

表 9 - 2　　　　　　　　　　　　振　荡　频　率　的　测　量

C (μF)	f_o (Hz)		RC (ms)
	测　量　值	理　论　值	
0.033			
0.1			

5. 测量 RC 串 - 并联选频网络的幅频特性。

选择 $C=0.033\mu F$，断开 A 点和 B 点（方法：断开电源，取下芯片），在选频网络的 A 点加有效值为 3V（并保持其值不变）、频率在 $50Hz\sim 5kHz$ 之间的正弦电压 u_A，测量选频网络的输出电压（B 点）的有效值 U_B，将测量结果记入表 9 - 3。

表 9 - 3　　　　　　　RC 串 - 并联选频网络幅频特性的测量 ($U_A=3V$)

f (Hz)	50	150	300	f_o	1000	2000	5000
U_B (V)							

六、实验报告要求

（1）记录实验数据。

（2）用表 9 - 1 中的实验数据验证正弦波振荡电路的幅值平衡条件。

（3）用表 9 - 2 中的实验数据验证文氏电桥振荡器的振荡频率 f_o 与 RC 时间常数的关系。比较 f_o 的测量值和理论值，说明误差原因。

（4）做出 RC 串 - 并联选频网络的幅频特性（用半对数坐标纸）。

*（5）进行仿真实验，并提交仿真实验报告。

七、相关知识

文氏电桥振荡器（RC 桥式振荡器）适用于产生频率不大于 1MHz 的低频正弦波振荡信号，振幅和频率较稳定，而且频率调节比较方便。许多低频信号发生器的主振器均采用这种电路。

示波器可以用来测量信号频率。将待测信号送进 CH1 通道，旋转水平 SCALE 旋钮让显示屏上呈现出具有两个波峰的波形，然后旋转垂直 SCALE 旋钮，使波峰位于水平刻度线上；记下两波峰的水平间隔 L(div)，再与此时扫描速度开关的读数 X(time/div) 相乘，即可得到该交流信号的周期 T，将单位换算为秒后再倒数，就可得到该交流信号的频率 f。

用示波器测量信号频率的精度受到示波器时基校准精度的限制。

八、思考题

(1) 讨论 $R_f(=RP+R_2)$ 为不同值时，对输出波形的影响。

(2) 若想改变图 9 - 1 实验电路的振荡频率，可调整电路中哪些元件？

(3) 二极管 VD1、VD2 在电路中起什么作用？说明它们的工作原理。

(4) 图 9 - 1 电路中调整哪个元件可以改变 u_o 的幅值？

(5) 除在负反馈网络中加入非线性元件 VD1、VD2 外，还有哪些稳幅措施？

实验十　运算放大器基本应用四（二阶有源低通滤波器）

一、实验目的

（1）掌握有源滤波器的组成原理及滤波特性。

（2）学会调节截止频率及了解 Q 值对幅频特性的影响。

二、实验内容

（1）测量有源滤波器的幅频特性。

（2）研究不同 Q 值对幅频特性的影响。

三、实验仪器及器件

直流稳压电源，示波器，毫伏表，函数信号发生器，实验线路板。

四、实验原理

图 10-1 所示二阶有源低通滤波电路的频率特性为

$$\dot{H}(j\omega) = \frac{\dot{U}_o(j\omega)}{\dot{U}_i(j\omega)} = \frac{1}{1 - \left(\frac{\omega}{\omega_o}\right)^2 + j\frac{\omega}{Q\omega_o}}$$

其中：截止频率 $\omega_o = \dfrac{1}{R\sqrt{C_1 C_2}}$，等效品质因素 $Q = \dfrac{1}{2}\sqrt{\dfrac{C_1}{C_2}}$。

改变电路元件参数即可改变滤波器的截止频率及 Q 值。实验电路中，$R=20k\Omega$，$C_1 = 0.22\mu F$，$C_2 = 4700pF$ 和 $C_1 = 0.047\mu F$，$C_2 = 0.022\mu F$ 两组。

五、实验步骤

（1）按图 10-1 连接各元件，注意集成电路的管脚排列，不要忘记接入直流偏置电压。先按 $R=20k\Omega$ 及 $C_1 = 0.22\mu F$，$C_2 = 4700pF$ 一组电容，检查线路是否正确连接。

（2）接通 $\pm 6V$ 两组电源，输入有效值为 1V 的正弦信号，调节输入 u_i 的频率（从 30Hz～3kHz），测量输出 u_o 幅度，并记录之。

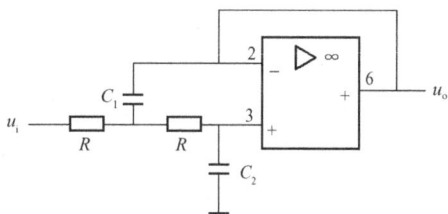

图 10-1　二阶有源低通滤波原理电路

（3）改变电容参数，重复步骤（2）。

六、实验报告要求

（1）记录实验数据。

（2）做出不同 Q 值时的幅频特性（用半对数坐标纸），并加以比较和简要说明。

*（3）进行仿真实验，并提交仿真实验报告。

七、相关知识

从 20 世纪 20 年代至 60 年代，电滤波器主要由无源元件 R、L、C 构成，称为无源滤波器。为了提高无源滤波器的质量，要求所用的电感元件具有较高的品质因数 Q_L，但同时又要求有一定的电感量，这就必然增加电感元件的体积、质量与成本。为了解决这一矛盾，20世纪 50 年代采用由电阻、电容与晶体管组成的有源网络替代电感元件，由此产生了用有源元件和无源元件（一般是 R 和 C）共同组成的滤波器，称为有源滤波器。目前较多使用的是集成有源滤波器，它的设计和调整过程较简便，此外还能提供增益。

当然，有源滤波器也有如下缺点：

（1）由于有源元件固有的带宽限制，使绝大多数有源滤波器仅限于音频范围（$f \leqslant 20\text{kHz}$）内应用，而无源滤波器没有这种上界频率限制，适用的频率范围可高达 500MHz。

（2）生产工艺和环境变化所造成的元件偏差对有源滤波器的影响较大。

（3）有源元件要消耗功率。

尽管如此，在声频（$f \leqslant 4\text{kHz}$）范围内有源滤波器在经济和性能上要比无源滤波器优越很多，因此在世界各国先进的电话通信系统中得到极其广泛的应用。

八、思考题

（1）如何根据幅频特性曲线得到截止频率、中心频率、带宽？

（2）讨论运算放大器的闭环放大倍数对有源滤波器特性的影响。

实验十一 直流稳压电源

一、实验目的

(1) 掌握串联型直流稳压电源的组成，掌握整流、滤波、稳压的工作过程。

(2) 掌握直流稳压电源主要技术指标及测量方法。

二、实验内容

(1) 整流、滤波电路。

(2) 稳压电源主要技术指标及测量。

三、实验仪器及器件

调压器，变压器，直流稳压电源实验板，双踪示波器，直流电压表，直流电流表，数字万用表。

四、实验原理

直流稳压电源由电源变压器、整流、滤波和稳压电路四部分组成。由 W7812 构成的串联型直流稳压电源电路如图 11-1 所示。

直流稳压电源的技术指标包括允许的输入电压、输出电压、输出电流、输出电压调节范围、稳压系数、输出电阻、温度系数及纹波电压等。其中稳压系数、输出电阻、温度系数及纹波电压属于质量指标（其他为特性指标），用来衡量输出直流电压的稳定程度。

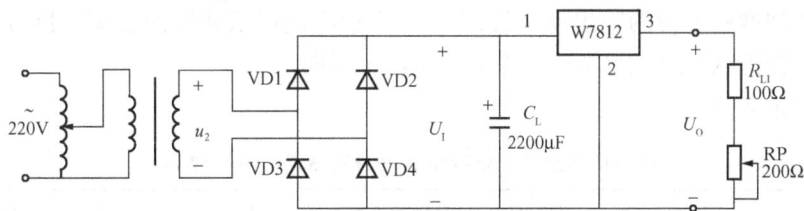

图 11-1 固定输出的直流稳压电源

稳压系数定义：输出电流 I_o 和环境温度 T（℃）一定时，输出电压和输入电压的相对变化之比，用 γ 表示

$$\gamma = \frac{\Delta U_O / U_O}{\Delta U_I / U_I} \Big|_{\substack{\Delta I_o = 0 \\ \Delta T = 0}}$$

输出电阻定义：输入电压 U_I 和环境温度 T（℃）一定时，输出电压和输出电流的变化量之比，用 R_o 表示

$$R_o = \frac{\Delta U_O}{\Delta I_o} \Big|_{\substack{\Delta U_I = 0 \\ \Delta T = 0}} \quad (\Omega)$$

温度系数定义：输入电压 U_I 和输出电流 I_o 一定时，输出电压和温度变化量之比，用 S_T 表示

$$S_T = \frac{\Delta U_O}{\Delta T} \Big|_{\substack{\Delta U_I = 0 \\ \Delta I_o = 0}} \quad (mV/℃)$$

纹波电压定义：稳压电源输出电压 u_o 交流分量的有效值或峰峰值，一般为 mV 数量级。

注意：电源变压器的输入端电压为 220V，千万不能用手触摸裸露的导体，以防触电。

　　电路工作一段时间后，负载电阻会很热，请不要用手触摸，以免烫伤。

五、实验步骤

1. 单相桥式整流电路

电路如图 11-2 所示，开关 S 打开。先不给自耦变压器供电。自耦变压器的输出端接电源变压器原端，电源变压器的次端（即低压侧）接单相桥式整流电路的交流输入端。

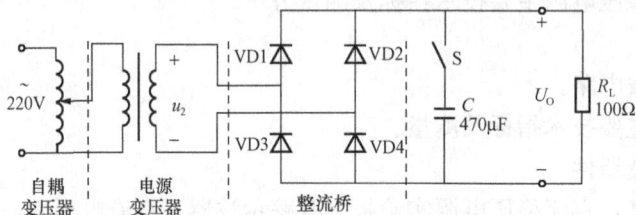

图 11-2　单相桥式整流、电容滤波电路

　　先将自耦变压器的输出调至最低，再将 220V、50Hz 交流电接到自耦变压器的输入端。调自耦变压器的手柄增加输出，使电源变压器的次端即整流桥的交流输入电压 u_2 有效值 $U_2 = 12V$。

　　用万用表的交流电压挡测量 U_2。

　　用直流电压表测量整流输出电压 U_O。

　　用示波器观察整流桥的输出电压波形 u_o，注意应使用示波器的直流（DC）耦合方式。记录波形，包括形状、最低点和最高点的电压值、周期。

　　测量结果记入表 11-1。

表 11-1　　　　　　单相桥式整流、电容滤波电路的测量 ($U_2 = 12V$)

电　　路		单相桥式整流	整流、电容滤波
U_O (V)	测　量　值		
	理　论　值		
u_o 波形			

2. 电容滤波电路

将图 11-2 电路中的开关 S 合上。保持 $U_2 = 12V$。

同步骤 1，测量记录 U_O；观测记录 u_o。

3. 固定输出三端集成稳压电路

固定输出三端集成稳压电路如图 11-1 所示。

（1）测量稳压系数。将自耦变压器的输出调至最低，将其与交流电源断开。

在稳压电源的负载电路中串入直流电流表（以测量输出电流 I_o）。

再将 220V、50Hz 交流电接到自耦变压器的输入端。调自耦变压器的手柄增加输出，使电源变压器的次端即整流桥的交流输入电压 U_2 依次为 11.5、13、14.5V，如表 11-2 所示。

在改变 U_2 时，调整负载电阻 RP，使 I_O 维持 100mA 不变。测量相应的稳压器输入电压 U_I、输出电压 U_O，记录在表 11-2 中。

表 11-2   **稳压系数的测量** $(I_o=100\text{mA})$

测 量 值 （V）			测 算 值
U_2	U_I	U_O	γ
11.5			
13			$\gamma_{12}=$
14.5			$\gamma_{23}=$

（2）测量输出电阻 R_O。取 $U_2=12\text{V}$，改变负载的大小，分别使 $I_O=0$（空载）、$I_O=50\text{mA}$、$I_O=100\text{mA}$，测量相应的 U_O，记录在表 11-3 中。

表 11-3   **输出电阻的测量** $(U_2=12\text{V})$

测 量 值 （V）		测 算 值
I_O （mA）	U_O （V）	R_O （Ω）
空载		
50		$R_{O12}=$
100		$R_{O23}=$

（3）测量纹波电压。为简单计，往往以稳压电源输出电压 u_o 交流分量的峰峰值来代表纹波的大小。

纹波的测量方法是用示波器观察输出电压波动成分的峰峰值。

只要求测出 $U_2=12\text{V}$，负载电阻为 150Ω 条件下的纹波电压峰峰值。

注意：

1）应使用示波器的交流（AC）耦合方式。

2）不能简单地用交流电压表测量纹波电压。

六、实验报告要求

（1）比较单相桥式整流电路、电容滤波电路输出电压 U_O 的测量值和理论值，说明误差产生的原因。

（2）由表 11-2 的实验数据计算稳压系数 γ；由表 11-3 的实验数据计算输出电阻 R_O。

（3）分析讨论实验中发生的现象和问题。

*（4）进行仿真实验，并提交仿真实验报告。

整流桥可取用二极管（Diode）库中的 MDA2500，三端集成稳压器可取用功率电源（Power）库中的 LM7812CT。

七、相关知识

集成稳压器按使用情况可分为多端可调式、三端固定式、三端可调式及单片开关式几种。

多端可调式是早期集成稳压器产品。

三端固定式是一种串联调整式稳压器。使用非常方便，但输出电压固定。典型产品有输出正电压的 W7800 系列和输出负电压的 W7900 系列。输出电压每类中有 5、6、7、8、9、10、11、12、15、18V 和 24V 共 11 种。在安装足够大的散热器时，耗散功率可达 15W。

三端可调式稳压器的输出电压可调，且稳压精度高，输出纹波小，只须外接两只不同阻值的电阻，就可获得各种输出电压。输出正电压有 W117 系列（有 W117、W217、W317）；输出负电压有 W137 系列（有 W137、W237、W337）。其输出电压在 1.2～37 V 左右。每类按其输出电流能力又分为 0.1、0.5、1、1.5、3、5A 和 10A 等。型号第一位数字中的 1 表示军品级，2 表示工业级，3 表示民品级。不同级别的允许工作温度不同。

开关式集成稳压电源是较晚研发出来的一种新型稳压电源，效率特别高，输出电压可调。目前它已广泛应用在电视机和测量仪器等设备中。

八、思考题

(1) 图 11-2 电路中，整流二极管的导通角及流过二极管的电流，在无电容滤波和有电容滤波时分别有何变化？

(2) 在桥式整流电路中，如果某个二极管出现开路、短路或反接三种情况，将会出现什么问题？

第二部分　数字电子技术实验

实验十二　集成与非门参数测试

一、实验目的
（1）掌握 74LS20 及 74LS00 型 TTL 集成与非门主要参数的测试方法。
（2）掌握与非门逻辑功能的测试方法。
（3）掌握门电路闲置输入端处理方法。

二、实验内容
（1）认识集成与非门。
（2）测量集成与非门的主要参数，测试其逻辑功能及动态特性。
（3）用示波器观察集成与非门的电压传输特性。

三、实验仪器及器件
数字逻辑实验箱，万用表，双踪示波器，74LS00、74LS20 与非门。

四、实验原理
TTL 集成与非门 74LS20（双四输入与非门）、74LS00（四二输入与非门）的引脚排列如图 12-1 所示。

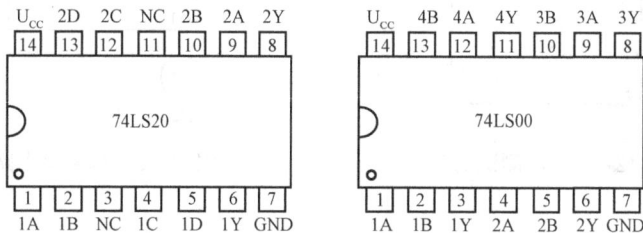

图 12-1　74LS20、74LS00 引脚排列

与非门的逻辑功能为：所有输入端都是高电平时，输出为低电平；只要有一个输入端是低电平时，输出就为高电平。

TTL 与非门的技术参数包括：输入 u-i 特性，输出 u-i 特性，整个电路的电压传输特性 u_I-u_O，输入低电平 U_{IL}，输入高电平 U_{IH}，输出低电平 U_{OL}，输出高电平 U_{OH}，低电平噪声容限 U_{NL}，高电平噪声容限 U_{NH}，传输延迟时间，空载导通功耗 P_{ON}，输入短路电流 I_{IS}，等等。

噪声容限是噪声电压（干扰电压）的幅度不允许超过的界限，噪声电压的幅度若超过这个界限，输出端的逻辑状态就会受到影响。电路噪声容限愈大，其抗干扰能力愈强。与噪声容限有直接关系的参数是：

（1）输出高电平 U_{OH}　其典型值是 3.6V，产品规定的最小值 $U_{OHmin}=2.4$V。
（2）输出低电平 U_{OL}　其典型值是 0.3V，产品规定的最大值 $U_{OLmax}=0.4$V。
（3）输入高电平 U_{III}　其典型值是 3.6V，产品规定的最小值 $U_{IHmin}=2.0$V。

U_{IHmin}称为开门电平，记作U_{ON}。

（4）输入低电平U_{IL} 其典型值是0.3V，产品规定的最大值$U_{\text{IL max}}=0.8\text{V}$。

$U_{\text{IL max}}$称为关门电平，记作U_{OFF}。

高电平噪声容限

$$U_{\text{NH}} = U_{\text{OHmin}} - U_{\text{IHmin}} \tag{12-1}$$

低电平噪声容限

$$U_{\text{NL}} = U_{\text{ILmax}} - U_{\text{OLmax}} \tag{12-2}$$

U_{NH}反映了前一级与非门输出高电平为最小值时，允许叠加在其上的负向噪声电压的最大数值；U_{NL}反映了前一级与非门输出低电平为最大值时，允许叠加在其上的正向噪声电压的最大数值。

空载导通功耗P_{ON}，是指当与非门空载并且（输入端悬空）输出为低电平时，电源电流I_{CC}与电源电压U_{CC}的乘积

$$P_{\text{ON}} = U_{\text{CC}} \times I_{\text{CC}} \tag{12-3}$$

此值小于20mW为合格。测试电路如图12-2所示。

输入短路电流I_{IS}，是指一个输入端接地，其余输入端和输出端均开路时，该接地输入端的电流，此值小于0.4mA为合格。测试电路如图12-3所示。

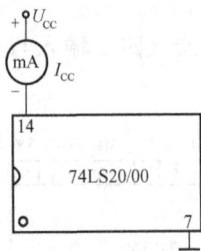

图12-2 P_{ON}测试电路　　　　　图12-3 I_{IS}测试电路

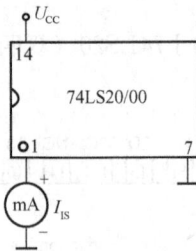

五、实验步骤

1. 元件认识

观察集成芯片的外形，了解引脚排列及各引脚的位置和功用。

2. 参数测量（表12-1）

（1）空载导通功耗P_{ON}的测量。测量电路如图12-2所示，与非门输入端全部开路、输出端空载，测量电源电流I_{CC}，按式（12-3）计算P_{ON}。

（2）输入端短路电流I_{IS}的测量。测量电路如图12-3所示，将与非门任一输入端经毫安表接地，其余各端悬空，毫安表读数即I_{IS}值。

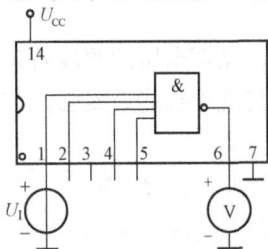

图12-4 U_{ON}和U_{OFF}测量电路

（3）开门电平U_{ON}和关门电平U_{OFF}的测量。U_{ON}和U_{OFF}的测量电路如图12-4所示，将与非门任一输入端接最大输出为5V的直流信号源U_{I}，其余各输入端悬空。

将U_{I}从0逐渐增加，当输出端刚刚达到0.35V左右时的输入电压即为U_{ON}。

调节输入电压U_{I}，使开始时的输出为低电平，然后逐渐减小U_{I}，当输出端刚刚达到高电平2.7V时的输入电压

即为 U_{OFF}。

（4）输出高电平 U_{OH} 和输出低电平 U_{OL} 的测量。将与非门任一输入端接地，其他输入端悬空，测量输出端的电压值，即得 U_{OH}。

在图 12-4 所示测量电路中，将输入电平 U_I 调至输入高电平 3.6V，此时测得的输出电压值即为输出低电平 U_{OL} 的值。

表 12-1　　　　　　　　　TTL 集成与非门参数的测量

型号	I_{CC}（mA）	P_{ON}（mW）	I_{IS}（mA）	U_{ON}（V）	U_{OFF}（V）	U_{OH}（V）	U_{OL}（V）
74LS20							
74LS00							

3. 逻辑功能测试

将 74LS20 一个与非门的 4 个输入端分别接逻辑开关（0/1 开关），输出端接发光二极管（LED0/1 指示器）。扳动 0/1 开关，按表 12-2 给与非门输入不同的逻辑电平组合，观察LED0/1 指示器显示状态，LED 亮为高电平（逻辑 1），LED 熄灭为低电平（逻辑 0）。将测试结果记入表 12-2。

4. 动态测试

（1）从 74LS20 一个与非门的任一输入端输入单极性方波信号（方波信号可从数字逻辑实验系统中获得，方波信号频率以稳定观察波形为准）u_I，其他输入端均接高电平（0/1 开关打在 1 位置），用示波器观察输入方波电压 u_i 与输出方波电压 u_O 的波形，比较两波形的相位关系，记入表 12-3。

表 12-2　　74LS20 逻辑功能测试

输	入			输　出
A	B	C	D	
1	1	1	1	
0	1	1	1	
0	0	1	1	
0	0	0	1	
0	0	0	0	

表 12-3　　74LS20 动态测试

任一输入端接 u_i	⎍⎍⎍
u_O	其他输入端均接高电平
	1 个输入端接低电平

（2）步骤（1）中，再将输入端的 0/1 开关其中之一打在 0 位置，用示波器观察比较此时的输入电压 u_i 和输出电压 u_O 的波形，记入表 12-3。

5. 用示波器观察电压传输特性

电压传输特性测试电路如图 12-5 所示，将 1kHz 单极性方波信号 u_i 经二极管 VD 整流和电容积分后，得到谷值电压在 0～0.5V，峰值电压在 3～5V 的锯齿波电压，该锯齿波电压加在 74LS20 一个与非门的任一输入端（其余输

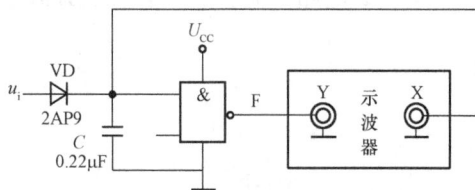

图 12-5　电压传输特性测试电路

入端悬空），并将此锯齿波输入信号作为示波器 X 轴的扫描输入。与非门输出电压作为示波器 Y 轴的输入，示波器显示电压传输特性，观察并记录传输特性。

六、实验报告要求

（1）根据所测量的与非门各主要参数，说明它们是否符合要求？根据式（12-1）、式（12-2）计算高电平噪声容限 U_{NH}、低电平噪声容限 U_{NL}。

（2）根据测量结果，说明 74LS20 或 74LS00 门电路的逻辑功能。

（3）在步骤 4（1）中，若将接 0/1 开关的任意引脚悬空，问此时的输出波形如何？若三个脚都悬空，输出波形又怎样？

（4）说明不同功能的门电路闲置端的处理办法，如：与非门、或非门、与或非门、异或门等。

七、相关知识

TTL 集成电路使用规则：

（1）接插集成块时，要认清定位标记，不得插反。

（2）电压使用范围为 $4.5 \sim 5.5\text{V}$ 之间，实验中要求使用 $U_{CC} = +5\text{V}$。电源极性绝对不允许接错。

（3）闲置输入端处理方法：

1）悬空，相当于正逻辑"1"，对于一般小规模集成电路的数据输入端，实验时允许悬空处理。但易受外界干扰，导致电路的逻辑功能不正常。因此，对于接有长线的输入端，中规模以上的集成电路和使用集成电路较多的复杂电路，所有控制输入端必须按逻辑要求接入电路，不允许悬空。

2）直接接电源电压 U_{CC}（也可以串入一只 $1 \sim 10\text{k}\Omega$ 的固定电阻）或接至某一固定电压 $(2.4 \sim 4.5\text{V})$ 的电源上，或与输入端为接地的多余与非门的输出端相连。

3）若前级驱动能力允许，可以与使用的输入端并联。

（4）输入端通过电阻接地，电阻值的大小将直接影响电路所处的状态。当 $R \leqslant 680\Omega$ 时，输入端相当于逻辑"0"；当 $R \geqslant 4.7\text{k}\Omega$ 时，输入端相当于逻辑"1"。对于不同系列的器件，要求的阻值也不同。

（5）输入端不允许并联使用［集电极开路门（OC）和三态输出门电路（TS）除外］。否则不仅会使电路逻辑功能混乱，并会导致器件损坏。

（6）输出端不允许直接接地或直接接 5V 电源，否则将损坏器件。有时为了使后级电路获得较高的输出电平，允许输出端通过电阻 R 接至 U_{CC}，一般取 $R = 3 \sim 5.1\text{k}\Omega$。

八、思考题

（1）如何用示波器来测量开门电平和关门电平？

（2）测试电路中能否加入双极性方波信号？

实验十三　集成译码器及其应用

一、实验目的
(1) 掌握中规模数字集成电路译码器的逻辑功能。
(2) 掌握集成译码器的一般应用。

二、实验内容
(1) 测试集成译码器 74LS138 的逻辑功能。
(2) 用 74LS138 和门电路实现组合电路。
(3) 用译码器实现数据分配。

三、实验仪器及器件
数字逻辑实验箱，双踪示波器，74LS138，74LS20。

四、实验原理
译码器是将二进制代码的状态翻译成表示其原来含义的输出信号的组合逻辑器件。本实验用 3 线 - 8 线二进制译码器 74LS138。

1. 74LS138 引脚及功能

集成 3 - 8 译码器 74LS138 的功能表如表 13 - 1 所示，各引脚功能及逻辑符号如图 13 - 1 所示。

表 13 - 1　74LS138 译码器功能表

EN1	$\overline{EN2}_A$	$\overline{EN2}_B$	A2	A1	A0	$\overline{Y7}$	$\overline{Y6}$	$\overline{Y5}$	$\overline{Y4}$	$\overline{Y3}$	$\overline{Y2}$	$\overline{Y1}$	$\overline{Y0}$
0	X	X	X	X	X	1	1	1	1	1	1	1	1
X	1	X	X	X	X	1	1	1	1	1	1	1	1
X	X	1	X	X	X	1	1	1	1	1	1	1	1
1	0	0	0	0	0	1	1	1	1	1	1	1	0
			0	0	1	1	1	1	1	1	1	0	1
			0	1	0	1	1	1	1	1	0	1	1
			0	1	1	1	1	1	1	0	1	1	1
			1	0	0	1	1	1	0	1	1	1	1
			1	0	1	1	1	0	1	1	1	1	1
			1	1	0	1	0	1	1	1	1	1	1
			1	1	1	0	1	1	1	1	1	1	1

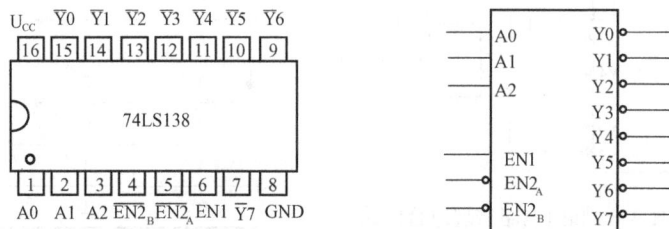

图 13 - 1　74LS138 各引脚功能及逻辑符号

由功能表可知:

(1) 三个使能端任何一个无效时,八个译码输出端都是无效电平,即输出全为高电平"1"。

(2) 三个使能端均有效时,译码器八个输出中仅与地址输入对应的一个输出端为有效低电平"0",其余输出为无效电平"1"。

(3) 在使能条件下,每个输出都是地址变量的最小项,考虑到输出低电平有效,输出函数 $\overline{Y}_i$ 可写成最小项 m_i 的反,即

$$\overline{Y}_i = \overline{m_i}$$

2. 用 74LS138 和门电路实现组合电路

74LS138 的所有输出,对应三变量的全部最小项,因此可利用 74LS138 实现三变量逻辑函数。

给定逻辑函数 L 可写成最小项之和的标准式,对标准式两次取非即为最小项非的与非,即

$$L = \overline{\prod_i \overline{m_i}} = \overline{\prod_i \overline{Y}_i}$$

逻辑变量作为译码器地址变量,即可用 74LS138 和与非门实现逻辑函数 L。

3. 用译码器实现数据分配

将需要传输的数据作为译码器的使能信号,地址变量作为数据输出通道的选择信号,译码器就能将需要传输的数据送到地址变量选中的通道上去,实现数据分配。

五、实验步骤

1. 74LS138 功能测试

将 74LS138 地址 A2 、A1 、A0 输入接 0/1 开关变量,使能端接固定电平(U_{CC}或地),输出 Y7~ Y0 接 LED 0/1 指示器,EN1 $\overline{EN2_A}\overline{EN2_B}$≠100 时,任意扳动 0/1 开关改变地址 A2 A1 A0,观察 LED 显示状态,记录之。

EN1 $\overline{EN2_A}\overline{EN2_B}$=100 时,按二进制顺序扳动 0/1 开关,观察 LED 显示状态,并与功能表对照,记录之。

2. 用 74LS138 和门电路实现组合电路

按图 13 - 2 连接电路,测试电路逻辑功能,将测试结果记入表 13 - 2,写出 F 的表达式。

3. 用译码器实现数据分配

按图 13 - 3 连接电路,使地址开关量 A2 A1 A0= 101。

表 13 - 2		真　值　表	
A2	A1	A0	F
0	0	0	
0	0	1	
0	1	0	
0	1	1	
1	0	0	
1	0	1	
1	1	0	
1	1	1	

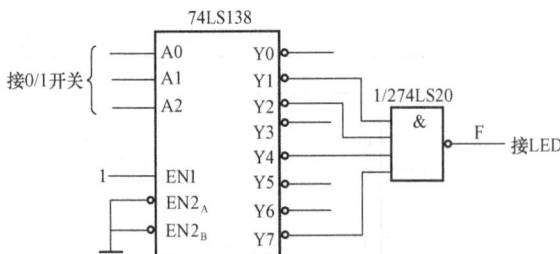

图 13 - 2　用 74LS138 和门电路实现组合电路

（1）使能端 EN1 接 1Hz 方波输入数据，观察 LED 闪动的位置。

（2）使能端 EN1 接 1kHz 数据，方波输入和输出 $\overline{Y}_5$ 接双踪示波器，调节方波频率使示波器稳定显示，比较并记录输入输出波形。

（3）EN1 接高电平，方波输入数据接到 $\overline{EN2_A}$（或 $\overline{EN2_B}$）。另一低电平有效的使能端接地，用示波器比较输入数据和输出数据之相位关系，记录输入输出波形，并与前一接法进行比较。

4. 用 74LS138 和 74LS20 实现下述逻辑函数（任选一）

F（A，B，C）= AB + AC + BC；

F（A,B，C）= $A\overline{B}$ + $\overline{A}C$ + BC；

F（A，B，C）= $A\overline{B}$ + $\overline{A}C$ + B$\overline{C}$。

六、实验报告要求

（1）74LS138 功能验证结论。

（2）步骤 2 中逻辑函数 F 的真值表和相关结论。

图 13-3 用译码器实现数据分配

（3）步骤 4 的设计原理图和验证结果。

（4）数据分配的有关结论；数据从不同的使能端输入时，输出与输入之间的关系。

*（5）进行仿真实验，并提交仿真实验报告。

七、相关知识

数据分配器，是将一个输入数据，根据需要传送到 m 个输出端的任何一个选定输出端的电路。输出端由地址选定。其逻辑功能与下一实验中的数据选择器相反。

八、思考题

（1）如何用 74LS138 实现 4 线 - 16 线数据分配？

（2）如何用 74LS138 实现四变量逻辑函数？

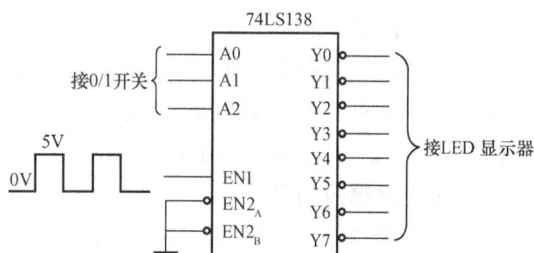

实验十四　数据选择器及其应用

一、实验目的
(1) 掌握数据选择器（多路开关 MUX）74LS151 的逻辑功能及常用集成数选器。
(2) 掌握数据选择器的设计应用方法。

二、实验内容
(1) 测试数据选择器 74LS151 的逻辑功能。
(2) 用 74LS151 组成序列脉冲发生器。＊产生任意指定的序列脉冲。
(3) 用 74LS151 实现给定的逻辑函数。

三、实验仪器及器件
数字电路实验箱，万用表，双踪示波器，74LS151。

四、实验原理
本实验使用的集成数据选择器 74LS151 为 8 选 1 数据选择器，数据选择端 3 个地址输入 A2A1A0 用于选择 8 个数据输入通道 D7～D0 中对应下标的一个数据输入通道，并实现将该通道输入数据传送到输出端 Y（或互补输出端 $\overline{Y}$）。74LS151 还有一个低电平有效的使能端 $\overline{EN}$，以便实现扩展应用。74LS151 的功能表如表 14-1 所示，各引脚功能如图 14-1 所示。

表 14-1　　74LS151 数据选择器功能表

$\overline{EN}$	A2	A1	A0	Y	$\overline{Y}$
1	X	X	X	0	1
0	0	0	0	D0	$\overline{D0}$
0	0	0	1	D1	$\overline{D1}$
0	0	1	0	D2	$\overline{D2}$
0	0	1	1	D3	$\overline{D3}$
0	1	0	0	D4	$\overline{D4}$
0	1	0	1	D5	$\overline{D5}$
0	1	1	0	D6	$\overline{D6}$
0	1	1	1	D7	$\overline{D7}$

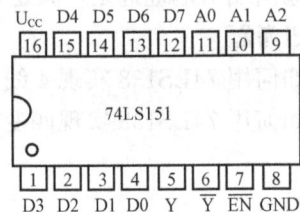

图 14-1　74LS151 引脚功能

在使能条件（$\overline{EN}=0$）下，74LS151 的输出可以表示为 $Y=\sum_{i=0}^{7}m_iD_i$，其中 m_i 为地址变量 A2、A1、A0 的最小项。只要确定输入数据就能实现相应的逻辑函数。顺序改变地址成为序列脉冲发生器。

五、实验步骤
1. 功能测试
按图 14-2 连接电路，8 个数据输入中仅一个（例如 D2）接地（0），其余悬空或接 U_{CC}。扳动 0/1 开关分别使 $\overline{EN}=1$ 和 0，按二进制顺序扳动 0/1 开关改变地址输入 A2A1A0，观察 LED 显示状态，列表验证 74LS151 功能是否与表 14-1 一致。

2. 逻辑函数发生器
将图 14-2 中 $\overline{EN}$、D1、D2、D4、D7 接"0"，D0、D3、D5、D6 接"1"，0/1 逻辑开关，按二进制顺序改变地址，记录输出 Y 的逻辑值于表 14-2 中。

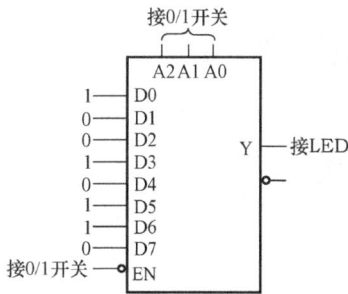

图 14-2　实验电路

表 14-2　　真　值　表

A2	A1	A0	F
0	0	0	
0	0	1	
0	1	0	
0	1	1	
1	0	0	
1	0	1	
1	1	0	
1	1	1	

3. 序列发生器

步骤 2 中地址输入 A2、A1、A0 分别改接脉冲信号 Q3、Q2、Q1。Q1、Q2、Q3 为两两分频信号（Q1 频率最高）。用双踪示波器对比观察 A0、Y 的波形。此时，电路为一个固定序列发生器。记录观察结果。

*4. 产生 10101100 序列脉冲

设计电路，产生指定的序列脉冲。按照实验前设计好的连线图连线，用双踪示波器观察并记录实验结果。

5. 用 74LS151 实现下述逻辑函数（任选一题）

F（A，B，C）＝AB＋AC＋BC；

F（A，B，C）＝A$\overline{B}$＋$\overline{A}$C＋BC；

F（A，B，C）＝A$\overline{B}$＋$\overline{A}$C＋B$\overline{C}$。

按照实验前设计好的连线图连线，A2、A1、A0 端输入不同逻辑电平，测试输出端 Y、$\overline{Y}$的逻辑状态，列真值表，说明此电路能够完成的逻辑功能。

六、实验报告要求

（1）74LS151 功能测试结论。

（2）实验步骤 2 的电路接线图，Y 的逻辑表达式，说明电路实现的逻辑功能。

（3）序列发生器 A0、Y 的波形。

*（4）产生 10101100 序列脉冲的电路接线图，有关波形。

（5）用单片 74LS151 实现任选题的原理图和验证结果。

*（6）进行仿真实验，并提交仿真实验报告。

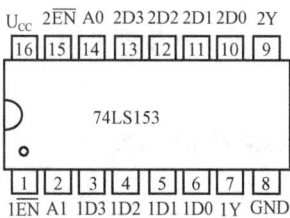

图 14-3　74LS153 引脚功能

七、相关知识

1. 74LS251

74LS251 是三态输出的 8 选 1 数据选择器，与 74LS151 有相同的引脚分布，$\overline{EN}$为高电平时，输出高阻状态。

2. 74LS153

74LS153 是双 4 选 1 数据选择器，两数据选择器共用数选输入 A1A0，无互补输出端。芯片引脚如图14-3所示。

八、思考题

如何用 74LS151 实现四变量乃至更多变量的逻辑函数？

实验十五　触发器及其功能转换

一、实验目的

(1) 掌握基本 RS、JK、D、T、T'触发器的逻辑功能。

(2) 熟悉各种功能的触发器之间相互转换方法。

(3) 熟悉不同结构形式触发器工作特性的差异。

(4) 熟悉触发器应用。

二、实验内容

(1) 测试触发器功能。

(2) 触发器功能转换。

(3) 触发器计数（分频）功能。

三、实验仪器及器件

数字逻辑实验箱，示波器，74LS20，74LS113，74LS74。

四、实验原理

触发器是一种具有记忆功能的二进制存储器件，是组成各种时序逻辑电路的基本器件之一。就触发器功能而言，有 RS、JK、D、T、T'触发器。就触发器结构而言，一般有主从、边沿之分。边沿型触发器有较好的抗干扰性能。D 触发器和 JK 触发器都有 TTL 和 CMOS 集成产品。

1. 基本 RS 触发器

基本 RS 触发器可由二个与非门组成，如图 15-1 所示，没有单独的集成产品。在相应的置位（S_D）或复位（R_D）加有效电平（信号），基本 RS 触发器置位（Q=1）或复位（Q=0）。图示与非门组成的基本 RS 触发器，有效触发电平为低电平"0"，其功能见表 15-1。

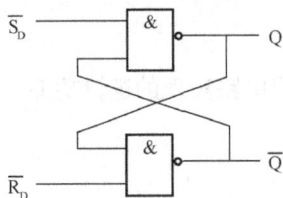

图 15-1　基本 RS 触发器

表 15-1　　基本 RS 触发器功能表

$\overline{R_D}$	$\overline{S_D}$	Q
1	0	1
0	1	0
1	1	不变
0	0	不定

2. JK 触发器

本试验用 74LS113 或 CD4027 主从型双 JK 集成触发器。74LS113 的外引线排列见图 15-2，功能表见表 15-2。

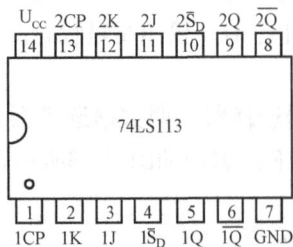

图 15-2　74LS113 引脚功能

表 15-2　　JK 触发器简化功能表

J	K	Q^{n+1}
0	0	Q^n
0	1	0
1	0	1
1	1	$\overline{Q^n}$

74LS113 JK 触发器具有保持、置数和计数三种功能。由
CP＝1 期间 J、K 的状态（按功能表）决定 CP 脉冲下跳后触
发器状态 Q^{n+1}。表中 Q^n 是 CP 下跳前触发器状态，称为原状
态；Q^{n+1} 称为次状态。74LS113 的 $\overline{S}_D$ 端是低电平有效的直接
置位端，该引脚信号不受 CP 控制；74LS113 没有直接复位 R
引脚。74LS113 的逻辑符号见图 15-3。

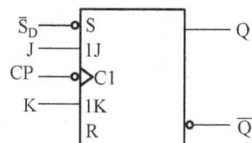

图 15-3　74LS113 的逻辑符号

CD4027 的外引线排列及逻辑符号见图 15-4，功能表见表 15-3。

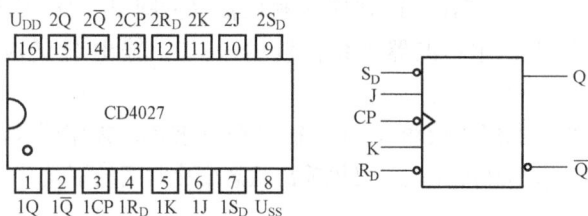

图 15-4　CD4027 外引线排列及逻辑符号

表 15-3　CD4027 主从型 JK 触发器功能表

S	R	CP	J	K	Q^{n+1}	备注
0	0	↑	0	0	Q^n	
			0	1	0	
			1	0	1	
			1	1	$\overline{Q}_n$	
1	×	×	×	×	1	
×	1	×	×	×	0	
1	1	×	×	×	1	Q^{n+1}、$\overline{Q_{n+1}}$ 皆为 1

CD4027 与 74LS113 不同之处在于：①在时钟脉冲 CP 的上升沿改变触发器的状态；②
置位与复位均为高电平有效。

U_{DD} 的取值范围为 $-0.5 \sim +18V$。U_{ss}（8 号管脚）为公共端。

3. D 触发器

74LS74 是边沿型双 D 触发器，时钟 CP 上跳沿有效，即触发器原状态和次状态按 CP 的
上升沿划分。74LS74 的引脚排列及逻辑符号见图 15-5，D 触发器功能表见表 15-4。

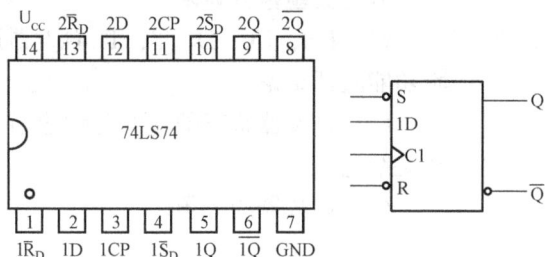

图 15-5　74LS74 引脚功能及逻辑符号

表 15-4　D 触发器功能表

D	Q^{n+1}
0	0
1	1

4. 触发器功能转换

不同逻辑功能的触发器可以互相转换，只要在触发器输入端加组合转换电路即可。各触
发器的特征方程如下：

JK 触发器：$Q^{n+1} = J\overline{Q}^n + \overline{K}Q^n$；

D 触发器：$Q^{n+1} = D$；

T 触发器：$Q^{n+1} = T\overline{Q}^n + \overline{T}Q^n$；

T′ 触发器：$Q^{n+1} = \overline{Q}^n$。

五、实验步骤

1. 测试触发器功能

（1）与非门（74LS20 或 74LS00）按图 15-1 连接，置位端和复位端接 0/1 开关，输出

端 Q 和 $\overline{Q}$ 接 LED。改变开关组合，观察输出端的状态，与基本 RS 触发器功能表比较。

（2）74LS113 一个触发器的 $\overline{S}_D$、J、K 接 0/1 开关，输出端 Q 和 $\overline{Q}$ 接 LED，CP 接 A/B 手动脉冲。改变 0/1 开关组合，按动 A/B 按钮，观察 LED 显示状态，与 JK 触发器功能表比较。

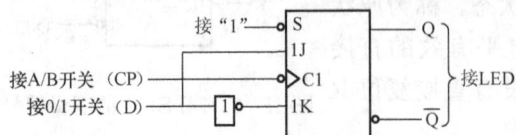

图 15-6　JK 触发器转换为 D 触发器

2. 触发器功能转换

74LS113 按图 15-6 连接，改变开关组合，按动 A/B 按钮，观察 LED 显示状态，与 D 触发器真值表比较。

3. 触发器计数（分频）功能

74LS113 接成 T 触发器（见图 15-7），CP 接 1kHz 示波脉冲，分别在 T=0 和 T=1 情况下，用示波器观察比较输入 CP、输出 Q 的波形，并作记录，得出可控计数结论。

74LS74 按图 15-8 接成 T′ 触发器，用示波器观察比较输入 CP、输出 Q 的波形，并作记录，得出二进制计数（二分频）结论，与以上 T=1 输出波形比较，可见输出状态变化时间的不同。

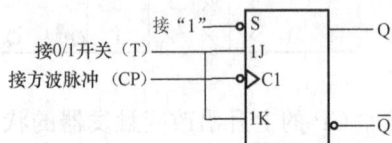

图 15-7　JK 触发器计数（分频）功能

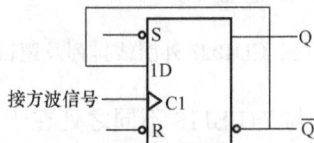

图 15-8　D 触发器计数（分频）功能

74LS74 按图 15-9 连接，用示波器观察、比较方波输入及输出 Q_1 和 Q_2 波形，得出两位二进制计数（四分频）结论。

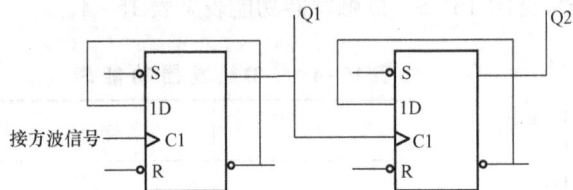

图 15-9　四分频电路

六、实验报告要求

（1）RS、JK、D、T、T′ 触发器逻辑功能验证结论。

（2）触发器状态翻转的时钟边沿和相关结论。

（3）计数器的分频作用。

实验十六　集成计数器及其设计应用

一、实验目的
(1) 学习了解中规模集成计数器的计数分频功能。
(2) 掌握集成计数器构成任意进制计数器的设计方法。

二、实验及设计内容
(1) 计数器功能测试。
(2) 用 74LS161 计数器构成任意进制计数器（模长 $M \leqslant 16$）。
(3) 设计一模长 $M=7$ 的计数电路（7 分频电路）。

三、实验仪器及器件
双踪示波器，数字电路实验箱，74LS161，74LS20。

四、实验原理及设计方法

1. 集成计数器 74LS161

本实验所用集成计数器 74LS161 为异步清零同步预置四位二进制递增计数器，其引脚排列如图 16 - 1 所示，功能表见表 16 - 1。

74LS161 为异步清零计数器，即 $\overline{RD}$ 端输入低电平，不受 CP 控制，输出端立即全部为 "0"，功能表第一行。74LS161 具有同步预置功能，在 $\overline{RD}$ 端无效时，$\overline{LD}$ 端输入低电平，在时钟共同作用下，CP 上跳后计数器状态等于预置输入 DCBA，即所谓 "同步" 预置功能（第二行）。$\overline{RD}$ 和 $\overline{LD}$ 都无效，ET 或 EP 任意一个为低电平，计数器处于保持功能，即输出状态不变。只有四个控制输入都为高电平，计数器（74LS161）实现模 16 加法计数，Q3Q2Q1Q0＝1111 时，CO＝1。

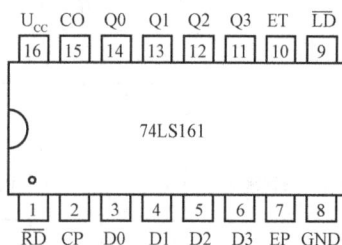

图 16 - 1　74LS161 引脚排列图

表 16 - 1　　　　　　　　　　　　**74LS161　功　能　表**

$\overline{RD}$	$\overline{LD}$	ET	EP	CP	D3	D2	D1	D0	Q3	Q2	Q1	Q0
0	×	×	×	×	×	×	×	×	0	0	0	0
1	0	×	×	↑	D	C	B	A	D	C	B	A
1	1	0	×	×	×	×	×	×	保		持	
1	1	×	0	×	×	×	×	×	保		持	
1	1	1	1	↑	×	×	×	×	计		数	

2. 任意进制计数器（模长 $M \leqslant 16$）（M 分频电路）的设计方法

可用集成计数器 74LS161 设计任意进制计数器（模长 $M \leqslant 16$）（M 分频电路），设计方法有两种，反馈清零法和反馈预置法。

反馈清零法是将计数器输出的某个状态通过与非门译码后，反馈给 $\overline{RD}$ 端一个清零信号，立即使 Q3Q2Q1Q0 返回 0000 状态，图 16 - 2 (a) 所示电路即为反馈清零法连接。

反馈预置法是将计数器输出的某个状态通过与非门译码后，反馈给 $\overline{LD}$ 端一个预置数控制信号，在下一个 CP 脉冲作用后，计数器把预置数输入端 D3D2D1D0 的状态置入输出端，预置数控制信号消失后，计数器从被置入的状态开始重新计数，图 16 - 2 (b) 即为反馈预置法连接（此处预置数 DCBA＝0000）。

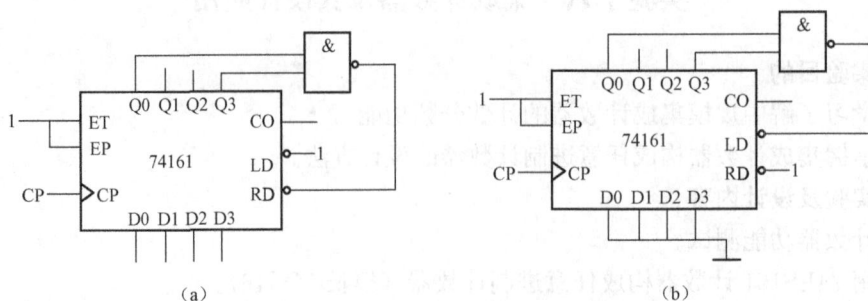

图 16 - 2　反馈清零法与反馈预置法
(a) 反馈清零法；(b) 反馈预置法

3．模长 $M > 16$ 的任意进制计数器（M 分频电路）的设计方法

当计数模长 $M > 16$ 时，可用两片以上集成计数器级联触发器来实现。集成计数器可同步连接，也可以异步连接成多位计数器，然后采用反馈清零法或反馈预置法实现给定模长 M 计数。

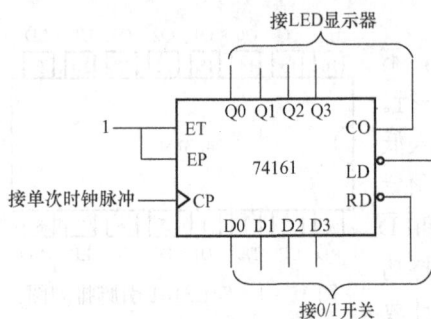

图 16 - 3　74LS161 功能测试

五、实验步骤

（1）计数器功能测试。按图 16 - 3 连接电路。

1）使 0/1 开关全部为"1"，按动时钟脉冲，观察 LED 显示状态，并作记录。

2）在输出状态非全"1"情况下，$\overline{LD}$ 端所接 0/1 开关变为"0"（保持 $\overline{RD}$＝1），观察 LED 显示状态，按动时钟脉冲后，再观察 LED 显示状态。拨动 0/1 开关改变预置数 DCBA，再观察按动时钟脉冲前后 LED 显示状态。

3）将 $\overline{RD}$ 端所接 0/1 开关变为"0"，观察 LED 显示状态。

4）使 0/1 开关全部为"1"，使能端（ET、EP）接低电平，按动时钟脉冲观察能否实现计数。

（2）分别按图 16 - 2 (a)、(b) 连接电路，CP 接时钟脉冲（频率较低以能分辨显示状态），Q3Q2Q1Q0 接有译码器数码管，观察计数状态的变化过程，并记录该状态循环。

注意：Q3Q2Q1Q0 接至有译码器数码管时，高低位不要接反，若接反会发生数码管显示混乱。Q3 为高位。

（3）按照实验前设计好的模长 $M = 7$ 的计数电路的接线图接线，CP 接时钟脉冲，观察计数状态的变化过程，并记录该状态循环。CP 改接频率为 2kHz 左右的方波脉冲，用示波器观察并画出 Q0、Q1、Q2、Q3 及计数脉冲波形，要求对准时间关系。

六、实验报告要求

（1）74LS161 功能测试结论。

（2）图 16 - 2 的状态循环图和模长。

（3）7 进制计数器的电路设计图、连线图和计数器的测试结果。

（4）测试过程中出现的问题及解决办法。

七、相关知识

1. 74LS160（同步预置异步复位一位 BCD 加法计数器）

74LS160 有与 74LS161 一样的引脚排列和功能，区别在于 74LS160 是 BCD 计数器，Q3Q2Q1Q0＝1001 时，CO＝1。

2. 74LS190（可预置同步可逆 BCD 计数器）

74LS190（见图 16 - 4）是 BCD 同步加/减计数器，并行输出。计数时，时钟 CP 的上升沿有效。CP 端、加/减端（$\overline{U}$/D）和置数端（$\overline{LD}$）都先经过缓冲，从而降低了这些输入端对驱动信号的要求。表 16 - 2 列出了 74LS190 的主要功能。

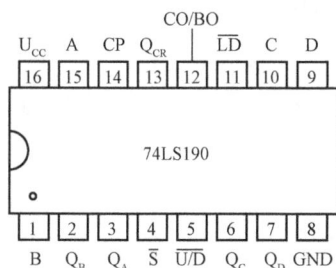

图 16 - 4　74LS190 的引脚排列图

表 16 - 2　　74LS190 功能表

$\overline{LD}$	$\overline{S}$	$\overline{U}$/D	CP	Q_D	Q_C	Q_B	Q_A
1	0	0	↑	加　计　数			
1	0	1	↑	减　计　数			
0	X	X	↑	预　置　数			
1	1	X	X	保　持			

3. 74LS90（二—五—十进制计数器）

74LS90 的引脚排列见图 16 - 5，其内部有一个二进制计数器，时钟 $\overline{CP}_A$，输出 Q0；一个五进制计数器，时钟 $\overline{CP}_B$，输出 Q3 Q2 Q1；可异步构成十进制计数器。它有两个高电平有效的清零端 R_{0A}、R_{0B} 和两个高电平有效的置 9 端 S_{9A}、S_{9B}，其功能表如表 16 - 3所示。

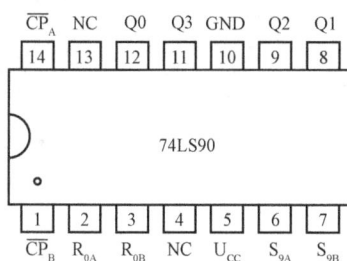

图 16 - 5　74LS90 的引脚排列图

表 16 - 3　　74LS90 功能表

R_{0A}	R_{0B}	S_{9A}	S_{9B}	CP	Q3	Q2	Q1	Q0
1	1	0	x	x	0	0	0	0
1	1	x	0	x	0	0	0	0
x	x	1	1	x	1	0	0	1
x	0	x	0	↓	计　　数			
0	x	0	x	↓	计　　数			
0	x	x	0	↓	计　　数			
x	0	0	x	↓	计　　数			

当计数脉冲由 $\overline{CP}_A$ 输入，Q0 与 $\overline{CP}_B$ 相连时，就构成 8421BCD 计数器。当计数脉冲由 $\overline{CP}_B$ 输入，Q3 与 $\overline{CP}_A$ 相连时，则可构成 5421BCD 计数器。

八、思考题

（1）在采用中规模集成计数器构成任意进制计数器时，常采用哪两种方法？两者有何区别？

（2）图 16 - 2（a）、（b）所示两个电路，分别是几进制计数器？

（3）图 16 - 6 所示为两片 74LS161 组成的同步连接反馈清零法实现 $M>16$ 计数电路原理图，试分析它是几进制的计数器。

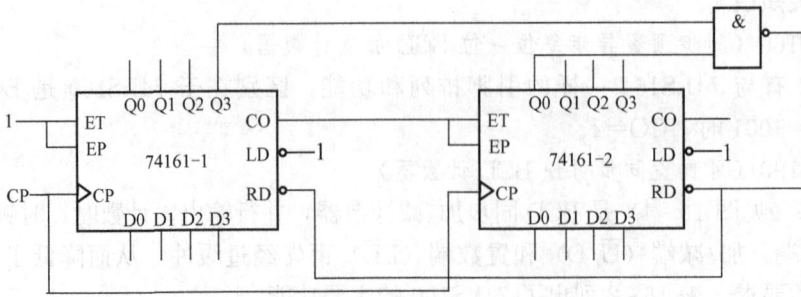

图 16 - 6　同步连接反馈清零法电路原理图

（4）设计一个用异步连接反馈清零法实现 24 分频电路。

实验十七　集成移位寄存器

一、实验目的

(1) 了解移位寄存器的逻辑功能及常用集成移位寄存器。

(2) 掌握移位寄存器的应用方法。

二、实验内容

(1) 测试集成移位寄存器 74LS194 的逻辑功能。

(2) 74LS194 组成环形计数器和扭环计数器。

三、实验仪器及器件

数字逻辑实验箱，双踪示波器，74LS194，74LS00（或 74LS20）。

四、实验原理

本实验使用的集成移位寄存器是四位可逆可并行预置的移位寄存器 74LS194。74LS194 引脚排列如图 17-1 所示，功能表见表 17-1。

由功能表可知，74LS194 具有异步清零功能，$\overline{RD}$端输入低电平信号，四个输出端都立即变为"0"。在$\overline{RD}$无效时，两工作方式输入端 S_1S_0 电平决定 74LS194 工作方式。

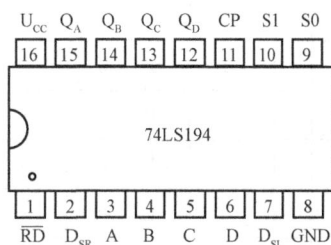

图 17-1　74LS194 引脚排列图

表 17-1　　　　　　　　　74LS194　功　能　表

$\overline{RD}$	S1	S0	D_{SL}	D_{SR}	CP	A	B	C	D	Q_A	Q_B	Q_C	Q_D
0	×	×	×	×	×	×	×	×	×	0	0	0	0
1	1	1	×	×	↑	A	B	C	D	A	B	C	D
1	1	0	d	×	↑	×	×	×	×	Q_B	Q_C	Q_D	d
1	0	1	×	d	↑	×	×	×	×	d	Q_A	Q_B	Q_C
1	0	0	×	×	×	×	×	×	×	保　　　持			

S1S0＝11，并行预置数，在时钟上跳时刻，并行输入数据 ABCD 预置到并行输出端；

S1S0＝10，左移寄存，在时钟上跳时刻，依次将加在 D_{SL} 输入端的数据寄存到 Q_D，各位数据向左移动；

S1S0＝01，右移寄存，在时钟上跳时刻，依次将加在 D_{SR} 输入端的数据寄存到 Q_A，各位数据向右移动；

S1S0＝00，寄存器处于保持工作方式，寄存器状态不变。

五、实验步骤

1. 功能测试

按图 17-2 连接电路，并按表 17-2 改变 0/1 开关逻辑值，将输出逻辑值记录在表 17-2 中。

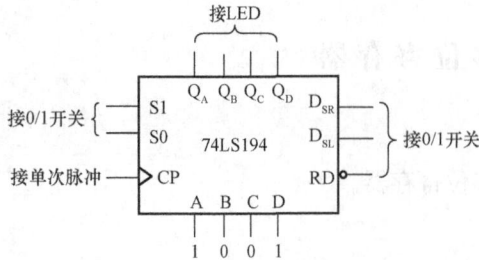

图 17-2　74LS194 功能测试电路

2. 环形计数器

图 17-2 中，$\overline{RD}=1$，ABCD=1000，Q_A 与 D_{SL} 相连。预置寄存器状态为 1000 后，使 S1S0=10，按动时钟脉冲，观察寄存器状态变化，并记录在表 17-3 中。

3. 扭环计数器

Q_A 经与非门反向后与 D_{SL} 相连，重复 2。

表 17-2　　　　　　　　**74LS194 功能测试**

$\overline{RD}$	S1	S0	D_{SL}	D_{SR}	CP*	$Q_A Q_B Q_C Q_D$	$\overline{RD}$	S1	S0	D_{SL}	D_{SR}	CP*	$Q_A Q_B Q_C Q_D$
1	1	1	1	1	1		1	0	1	0	1	0	
0	1	1	1	1	0		1	0	1	0	1	1	
1	1	1	1	0	0		1	0	1	1	0	1	
1	1	1	1	0	1		1	0	0	1	0	0	
1	1	0	1	0	0		1	0	0	1	0	1	
1	1	0	1	0	1		0	0	0	1	0	0	
1	1	0	0	1	1								

* CP=0 表示不按单次脉冲，CP=1 表示 0/1 开关设定后按单次脉冲。

表 17-3　　　　　　　**环形计数器与扭环计数器状态变化**

CP	Q_A 与 D_{SL} 相连				Q_A 反向后与 D_{SL} 相连			
	Q_A	Q_B	Q_C	Q_D	Q_A	Q_B	Q_C	Q_D
	1	0	0	0	1	0	0	0
↑								
↑								
↑								
↑								
↑								

六、实验报告要求

（1）74LS194 功能测试结论。

（2）74LS194 按规定连接的环形和扭环计数器状态表。

七、相关知识

移位寄存器的功能是当时钟控制脉冲有效时，寄存器中存储的数据同时顺序向高位（右移）或向低位（左移）移动一位。所以，移位寄存器的各触发器状态必须同时变化，为同步时序电路。

因为数据可以按序逐位从最低位或最高位串行输入移位寄存器，也可以通过置数端并行输入移位寄存器。所以移位寄存器的数据输入、输出方式有并行输入/并行输出、并行输入/

串行输出、串行输入/并行输出、串行输入/串行输出 4 种。

移位寄存器主要应用于实现数据传输方式的转换（串行到并行或并行到串行）、脉冲分配、序列信号产生以及时序电路的周期性循环控制（计数器）等。

八、思考题

是否能用右移输入 D_{SR} 与 Q_D 端相连实现环形和扭环计数器？

实验十八　555 定时器
（多谐振荡器及单稳态触发器）

一、实验目的
（1）掌握用 555 时基芯片组成的多谐振荡器和单稳态触发器的工作原理。
（2）验证振荡频率和输出脉冲宽度与时间常数 RC 的关系。

二、实验内容
（1）多谐振荡器。
（2）单稳态触发器。
（3）施密特触发器。

三、实验仪器及器件
直流稳压电源，双踪示波器，555 定时器，可变电阻器，电阻、电容若干。

四、实验原理
集成 555 定时器的内部电路图及引脚排列如图 18-1 所示，表 18-1 给出了 555 定时器 5 号端开路时功能表。

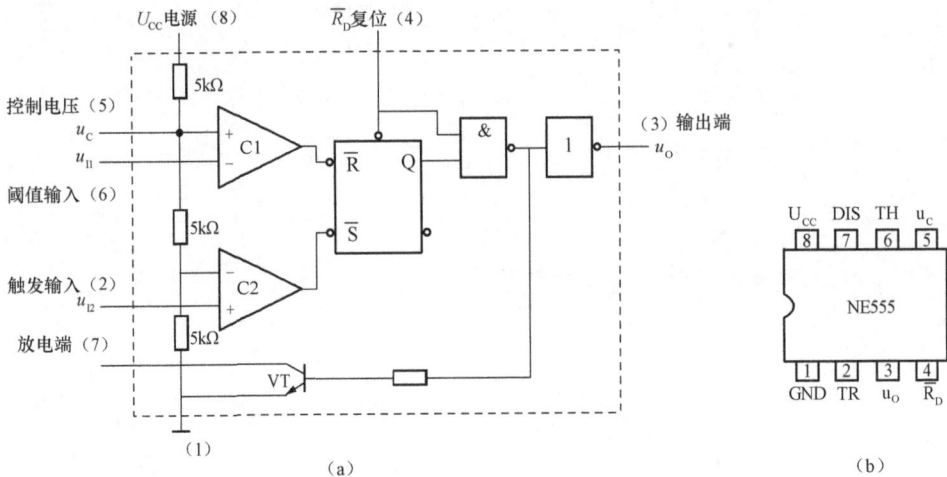

图 18-1　集成 555 定时器
(a) 内部电路图；(b) 引脚排列图

表 18-1　　　　　　　　　　555 定时器功能表（5 号端开路）

输入			输出		$\overline{S}$	$\overline{R}$
阈值输入（u_{I1}）	触发输入（u_{I2}）	复位（$\overline{R}_{\text{D}}$）	输出（u_{O}）	放电管 VT		
$\times$	$\times$	0	0	导通	$\times$	$\times$
$<2U_{\text{CC}}/3$	$<U_{\text{CC}}/3$	1	1	截止	0	1
$>2U_{\text{CC}}/3$	$>U_{\text{CC}}/3$	1	0	导通	1	0
$<2U_{\text{CC}}/3$	$>U_{\text{CC}}/3$	1	不变	不变	1	1

1. 多谐振荡器

555定时器构成的多谐振荡器电路如图18-2所示。振荡器接通电源后，由于电容 C 被充电，当 u_C 上升到 $2U_{CC}/3$ 时，则比较器 C_1 输出 $\overline{R}$ 为低电平，使触发器复位，u_O 输出低电平。放电管 VT 导通，这时电容 C 通过 R_2、RP 和放电管 VT 放电，当 u_C 下降到 $U_{CC}/3$ 时，则比较器 C_2 输出 $\overline{S}$ 变为低电平，使触发器输出 u_O 翻转到高电平，VT 截止，电容器 C 停止放电。电容器 C 放电所需的时间为

$$t_{PL} = 0.7(R_2 + RP)C$$

VT 截止后，U_{CC} 通过 R_1、R_2、RP 向电容器 C 充电，u_C 由 $U_{CC}/3$ 上升到 $2U_{CC}/3$ 所需的时间为

$$t_{PH} = 0.7(R_1 + R_2 + RP)C$$

如此周而复始，在输出端就可获得一个周期性的方波 u_O 输出。

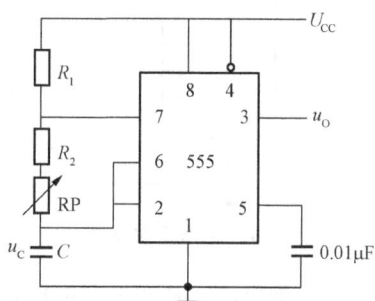

图18-2　多谐振荡器电路

2. 单稳态触发器

555定时器构成的单稳态触发器如图18-3所示。电源接通后，U_{CC} 通过电阻 R_1、RP 向电容器 C_1 充电，当 u_C 上升到高电平触发电压 $2U_{CC}/3$ 时，$\overline{R}$ 为低电平，使触发器复位，u_O 为低电平，同时电容器 C_1 通过三极管 VT 迅速放电，但是由于比较器 C_2 的低电平触发端（2端）未接在电容 C_1 上，因此电容器 C_1 放电不影响触发器的状态。当 2 端外加触发脉冲 u_I，并且它的值小于 $U_{CC}/3$ 时，$\overline{S}$ 为低电平，使触发器翻转，u_O 变为高电平，同时使三极管 VT 截止，电源 U_{CC} 通过 R_1、RP 再次向电容器 C_1 充电，以后重复上述过程。输出脉宽

$$t_W = 1.1(R_1 + RP)C_1$$

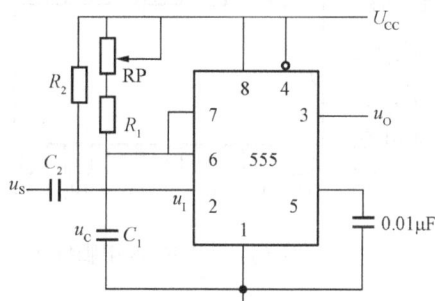

图18-3　单稳态触发器

五、实验步骤

1. 多谐振荡器

(1) 按图18-2连接实验电路，$R_1 = 4.7\text{k}\Omega$，$R_2 = 10\text{k}\Omega$，RP $= 10\text{k}\Omega$，$C = 0.033\mu\text{F}$。接通 5V 电源，用示波器观察输出波形是否为方波。

(2) 改变 RP，观察多谐振荡器振荡周期的变化情况。

(3) 用示波器测量 RP $= 0$ 及 RP $= 10\text{k}\Omega$ 时的振荡周期，并与理论值进行比较。

(4) 记录 u_O 及 u_C 的波形，要求对准时间关系。

2. 单稳态触发器

(1) 按图18-3连接实验电路，$R_1 = 4.7\text{k}\Omega$，$R_2 = 10\text{k}\Omega$，RP $= 10\text{k}\Omega$，$C_1 = 0.033\mu\text{F}$，$C_2 = 4700\text{pF}$。接通 5V 电源，输入端加入 $U_S = 5\text{V}$，$f = 500\text{Hz}$ 的方波序列信号 U_S，用示波器观察输出电压波形。

(2) 改变 RP，观察输出脉冲宽度的变化情况，求出 RP $= 0$ 及 RP $= 10\text{k}\Omega$ 时输出脉冲宽度。

(3) 记录 u_S、u_I、u_O 及 u_C 的波形。

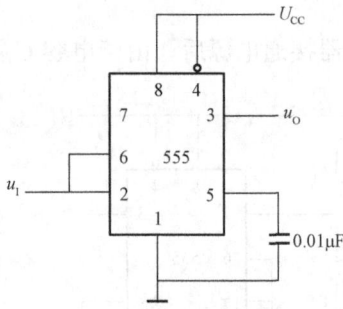

图 18-4　施密特触发器

3. 施密特触发器

按图 18-4 连接电路，u_I 分别为直流信号源输入、单极性三角波输入（见实验八施密特触发器），用示波器观察输入输出波形。测定上门限电压 U_{T+} 和下门限电压 U_{T-}。用示波器观察电压传输特性。

六、实验报告要求

(1) 画出多谐振荡器 u_O 及 u_C 的波形。

(2) 画出单稳态触发器 u_S、u_I、u_O 及 u_C 的波形。

(3) 分析多谐振荡器的输出波形上下不对称的原因。

(4) 画出施密特触发器电压传输特性，标明上门限电压 U_{T+} 和下门限电压 U_{T-}。

七、相关知识

555 定时器是一种应用极为广泛的中规模集成电路，只要外接少量的阻容元件就可以构成单稳、多谐和施密特触发器，用于信号的产生、变换、控制与检测，在工业控制、定时、仿声、电子乐器、防盗报警等方面应用很广。

目前生产的定时器有双极型和 CMOS 两种类型，其型号分别有 NE555（或 5G555）和 C7555 等多种。它们的结构及工作原理基本相同。通常，双极型定时器具有较大的驱动能力，而 CMOS 定时电路具有低功耗、输入阻抗高等优点。555 定时器工作的电源电压很宽，并可承受较大的负载电流。双极型定时器电源电压范围为 5~16V，最大负载电流可达 190mA；CMOS 定时器电源电压范围为 3~18V，最大负载电流在 4mA 以下。

NE556 是双极型双定时器，其引脚排列如图 18-5 所示。

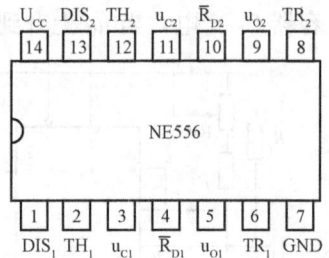

图 18-5　NE556 引脚排列

实验十九 D/A 转 换 器

一、实验目的

（1）了解 D/A 和 A/D 转换器的基本工作原理和基本结构。

（2）掌握大规模集成 D/A 和 A/D 转换器的功能及其典型应用。

二、实验内容

采用大规模集成电路 DAC0832 实现 D/A 转换。

三、实验仪器及器件

+5V、±15V 直流电源，双踪示波器，数字电压表，DAC0832、μA741、电位器、电阻、电容若干。

四、实验原理

在数字电子技术的很多应用场合往往需要把模拟量转换为数字量，称为模/数转换器（A/D 转换器，简称 ADC）；或把数字量转换成模拟量，称为数/模转换器（D/A 转换器，简称 DAC）。完成这种转换的线路有多种，特别是单片大规模集成 A/D、D/A 转换器问世，为实现上述转换提供了极大的方便。使用者借助于手册提供的器件性能指标及典型应用电路，即可正确使用这些器件。本实验将采用大规模集成电路 DAC0832 实现 D/A 转换。

DAC0832 是采用 CMOS 工艺制成的单片电流输出型 8 位数/模转换器。图 19-1 是 DAC0832 的逻辑框图及引脚排列。

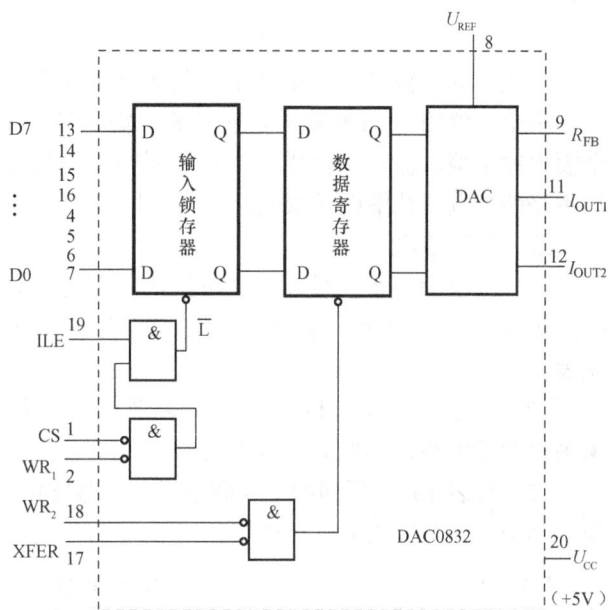

图 19-1 DAC0832 单片 D/A 转换器逻辑框图和引脚排列

器件的核心部分采用倒 T 形电阻网络的 8 位 D/A 转换器，它是由倒 T 形 R−2R 电阻网络、模拟开关、运算放大器和参考电压 U_{REF} 四部分组成。

DAC0832 的引脚功能说明如下：

D0~D7：数字信号输入端；

ILE：输入寄存器允许，高电平有效；

$\overline{CS}$：片选信号，低电平有效；

$\overline{WR_1}$：写信号 1，低电平有效；

$\overline{XFER}$：传送控制信号，低电平有效；

$\overline{WR_2}$：写信号 2，低电平有效；

I_{OUT1}，I_{OUT2}：DAC 电流输出端；

R_{FB}：反馈电阻，是集成在片内的外接运放的反馈电阻；

U_{REF}：基准电压，$-10 \sim +10V$；

U_{CC}：电源电压，$+5 \sim +15V$；

图 19-2　实验电路

AGND：模拟地（3 号端）；

NGND：数字地（10 号端）。

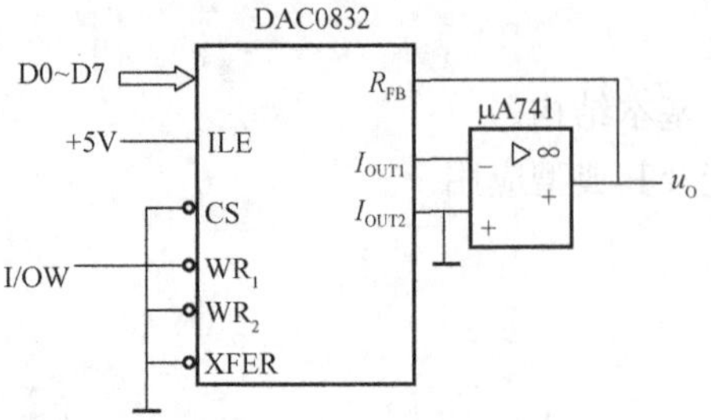

DAC0832 输出的是电流，要转换为电压，还必须经过一个外接的运算放大器，实验电路如图 19-2 所示。

图 19-1 所示 DAC0832 为单级缓冲方式，在 WR_1 为低电平时输入数字量（D0～D7）锁存到输入锁存器，由于数据寄存器始终有效，输入锁存器锁存的数据直接传送到 DAC，输出相应模拟量。运放的输出电压为

$$u_o = \frac{U_{REF}R_f}{2^n R}(D_{n-1} \cdot 2^{n-1} + D_{n-2} \cdot 2^{n-2} + \cdots + D0 \cdot 2^0)$$

由式可见，输出电压 u_o 与输入的数字量成正比，这就实现了从数字量到模拟量的转换。

一个 8 位的 D/A 转换器，它有 8 个输入端，每个输入端是 8 位二进制数的一位，有一个模拟输出端，输入可有 $2^8 = 256$ 个不同的二进制组态，输出为 256 个电压之一，即输出电压不是整个电压范围内任意值，而只能是 256 个可能值。

五、实验步骤

（1）按图 19-2 接线，但电路接成直通方式，即 CS、WR_1、WR_2、XFER 接地；ALE、U_{CC}、U_{REF} 接 +5V 电源；运放电源接 ±15V；D0～D7 接 0/1 开关，输出端 u_o 接直流数字电压表。

（2）调零，令 D0～D7 全置零，调节运放的调零电位器使 μA741 输出为零（图 19-2 中未画出调零电路，参见运放实验）。

（3）按表 19-1 所列的输入数字量，用数字电压表测量运放的输出电压 u_o，将测量结果填入其中，并与理论值进行比较。

表 19-1　　　　　　　　　　　D/A 转 换 结 果 1

输 入 数 字 量								输出模拟量 u_O（V）$(U_{CC} = +5V)$
D7	D6	D5	D4	D3	D2	D1	D0	
0	0	0	0	0	0	0	0	
0	0	0	0	0	0	0	1	
0	0	0	0	0	0	1	0	
0	0	0	0	0	1	0	0	
0	0	0	0	1	0	0	0	
0	0	0	1	0	0	0	0	
0	0	1	0	0	0	0	0	
0	1	0	0	0	0	0	0	
1	0	0	0	0	0	0	0	
1	1	1	1	1	1	1	1	

（4）WR_1 改接到负脉冲（A/B）按键，改变输入数字量，测量未按 A/B 键和按动 A/B 键后的输出模拟电压，并填入表 19-2。

表 19-2   D/A 转 换 结 果 2

输 入 数 字 量								输出模拟量 u_O（V）	
D7	D6	D5	D4	D3	D2	D1	D0	按前	按后
0	0	0	0	0	0	0	0		
0	0	0	0	0	0	0	1		
0	0	0	0	0	0	1	0		
0	0	0	0	0	1	0	0		
0	0	0	0	1	0	0	0		
0	0	0	1	0	0	0	0		
0	0	1	0	0	0	0	0		
0	1	0	0	0	0	0	0		
1	0	0	0	0	0	0	0		
1	1	1	1	1	1	1	1		

六、实验报告要求

分析整理实验数据，并与理论值进行比较。

实验二十　A/D 转 换 器

一、实验目的

(1) 了解 A/D 转换器的基本工作原理和基本结构。

(2) 掌握大规模集成 A/D 转换器的功能及其典型应用。

二、实验内容

采用大规模集成电路 ADC0809 实现 A/D 转换。

三、实验仪器及器件

+5V 直流电源，双踪示波器，数字实验箱，数字电压表，ADC0809、74LS00、1kΩ 电阻 10 个。

四、实验原理

本实验采用大规模集成电路 ADC0809 实现 A/D 转换。

ADC0809 是采用 CMOS 工艺制成的单片 8 位 8 通道逐次逼近型模/数转换器，其逻辑框图如图 20-1 所示，引脚排列如图 20-2 所示。器件的核心部分是 8 位 A/D 转换器，它由比较器、逐次逼近寄存器、D/A 转换器、控制和定时五部分组成。

ADC0809 的引脚功能说明如下：

IN0—IN7：8 路模拟信号输入端。

A2、A1、A0：地址输入端。

ALE：地址锁存允许输入信号，在此脚施加正脉冲，上升沿有效，此时锁存地址码，从而选通相应的模拟信号通道，以便进行 A/D 转换。

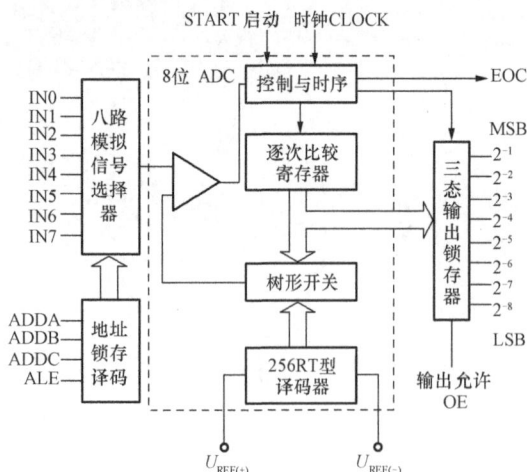

图 20-1　ADC0809 逻辑框图

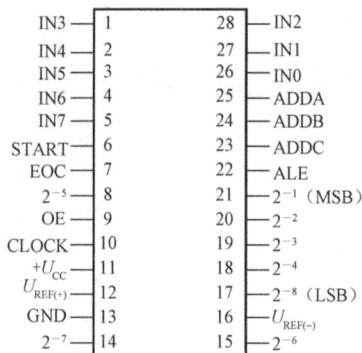

图 20-2　ADC0809 引脚排列

START：启动信号输入端，应在此脚施加正脉冲，当上升沿到达时，内部逐次逼近寄存器复位，在下降沿到达后，开始 A/D 转换过程。

EOC：转换结束输出信号（转换结束标志），高电平有效。

OE：输入允许信号，高电平有效。

CLOCK（CP）：时钟信号输入端，外接时钟频率一般为 640kHz。

U_{CC}：+5V 单电源供电。

$U_{REF(+)}$、$U_{REF(-)}$：基准电压的正极、负极。一般 $U_{REF(+)}$ 接 +5V 电源，$U_{REF(-)}$ 接地。

D7~D0：数字信号输出端。

模拟量输入通道选择。8 路模拟开关由 A2、A1、A0 三地址输入端选通 8 路模拟信号中的任何一路进行 A/D 转换，地址译码与模拟输入通道的选通关系如表 20-1 所示。

表 20-1　　　　　　　　　　　地址译码与模拟输入通道的选通关系

被选模拟通道		IN0	IN1	IN2	IN3	IN4	IN5	IN6	IN7
地址	A2	0	0	0	0	1	1	1	1
	A1	0	0	1	1	0	0	1	1
	A0	0	1	0	1	0	1	0	1

D/A 转换过程：

在启动端（START）加启动脉冲（正脉冲），D/A 转换即开始。如将启动端（START）与转换结束端（EOC）直接相连，转换将是连续的，在用这种转换方式时，开始应在外部加启动脉冲。

五、实验步骤

按图 20-3 连接实验电路，八路输入模拟信号 1~4.5V，由 +5V 电源经 10 个电阻 R 分压形成；变换结果 D0~D7 接 LED 逻辑电平显示器，CLOCK 时钟脉冲由数字实验箱脉冲信号所提供，取 f=100kHz；A0~A2 地址端接 0/1 逻辑开关；启动脉冲端接 A/B 脉冲按钮（按下高电平）。

接通电源后，按 A/B 脉冲按钮，启动端（START）得一正单次脉冲，下降沿一到（松开 A/B 脉冲按钮）即开始 A/D 转换。

图 20-3　ADC0809 实验电路

按表 20-2 改变 0/1 开关逻辑值，记录 IN0~IN7 八路模拟信号的转换结果，并将转换结果换算成十进制数表示的电压值，并与数字电压表实测的各路输入电压值进行比较，分析误差原因。

表 20-2　　　　　　　　　　　　A/D 转换结果

被选模拟通道	输入模拟量	地址			输出数字量								
IN	U_I（V）	A2	A1	A0	D7	D6	D5	D4	D3	D2	D1	D0	十进制
IN0	4.5	0	0	0									
IN1	4.0	0	0	1									
IN2	3.5	0	1	0									
IN3	3.0	0	1	1									
IN4	2.5	1	0	0									
IN5	2.0	1	0	1									
IN6	1.5	1	1	0									
IN7	1.0	1	1	1									

在输入电压分别为 0.5V 和 4.5V 情况下，用示波器观察 EOC 脉冲周期，并说明观察结果。

六、实验报告要求

整理实验数据，分析实验结果。

实验二十一　可编程逻辑器件 PLD（EEPROM）应用

一、实验目的

（1）了解 EEPROM 作为可编程逻辑器件的原理。

（2）掌握 EEPROM 数据读写时序。

二、实验内容

EEPROM 读、写操作。

三、实验仪器及器件

数字逻辑实验箱，万用表，28C64。

四、实验原理

本实验使用的 EEPROM 为 $8k\Omega \times 8bit$ 电可擦除 CMOS 只读存储器 28C64，通过编程写入 PROM 的数据掉电情况下可以长期保存。28C64 单一工作电压 5V，工作电流 30mA，待机电流 200uA。读取时间 150ns，写入时间小于 1ms，数据保存时间大于 100 年，擦写次数大于 100000 次。28C64 具有内部定时系统，自动完成写操作。写操作周期与随机存储器类似，$\overline{WE}$ 的下降沿开始写操作定时初始化，地址信息锁存于地址寄存器中。在 $\overline{WE}$ 的上升沿写入数据和 $\overline{CE}$，$\overline{OE}$ 状态被锁存，忙闲（Ready/Busy）端开始变为低电平，表示数据线此时空闲，Ready/Busy 变为高电平表示写操作完成，可进行另一个操作周期。写操作自动清除该字节原有数据。图 21-1 给出其引脚名称，表 21-1 是其功能表。

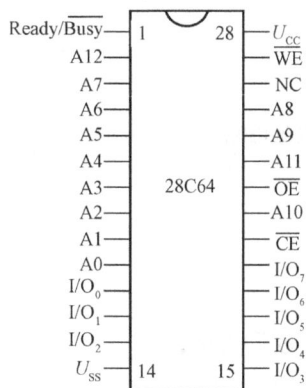

图 21-1　28C64 引脚排列

表 21-1　　　　　28C64　功　能　表

$\overline{CE}$	$\overline{OE}$	$\overline{WE}$	I/O	工作方式
L	L	H	D_{OUT}	读
H	X	X	Z	待机
X	L	X	Z	写禁止
X	X	H	Z	
L	H	L	D_{IN}	写

注　Z—高阻状态。

通常 PROM 处于待机或读操作工作状态，片选信号 $\overline{CE}$ 高电平时芯片处于待机低功耗状态；片选信号 $\overline{CE}$ 低电平时该 PROM 被选中，输出使能 $\overline{OE}$ 为低电平，写使能 $\overline{WE}$ 高电平时，芯片处于读出数据状态，输入输出 I/O 端口输出数据。如要对 EEPROM 写入数据，$\overline{OE}$ 应为高电平，I/O 数据线输入数据，$\overline{WE}$ 变为低电平开始一次数据写入过程。要正确读/写 PROM，各端口信号应符合一定的时序，图 21-2 给出了实现读和写操作时序图。

五、实验步骤

CMOS 器件使用注意事项：在装接电路，改变电路连接或插、拔电路时，均应切断电源，严禁带电操作。

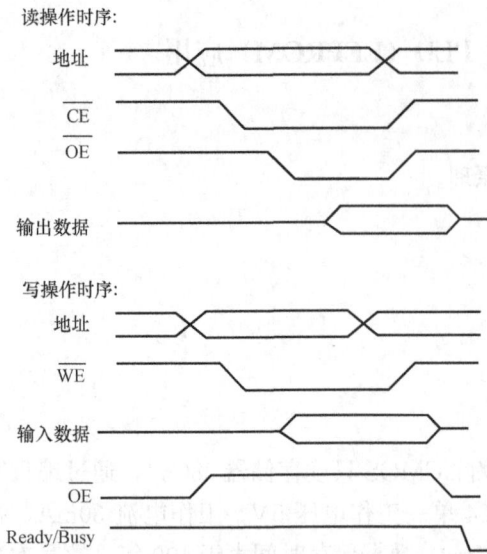

读操作时序:

写操作时序:

图 21-2 读和写操作时序

1. 读操作

（1）按图 21-3 连接实验电路，注意，A/B 接负脉冲输出 $\overline{A}$ 或 $\overline{B}$ （按下为低电平）。设定 A3A2A1A0 地址后按动 A/B 按键，观察 LED 显示状态，重复操作读取地址单元 A3A2A1A0＝0000～1111 的已存储数据，并列表记录之。

（2）将 $\overline{OE}$ 直接接"0"，改变地址 A3A2A1A0，观察 LED 显示状况，并与（1）比较。

2. 写操作

用手动 EEPROM 读写器对其 1FF0～1FFFH 存储单元编程，构造一个无符号二位二进制乘法器（或其他指定功能），并验证其逻辑功能。

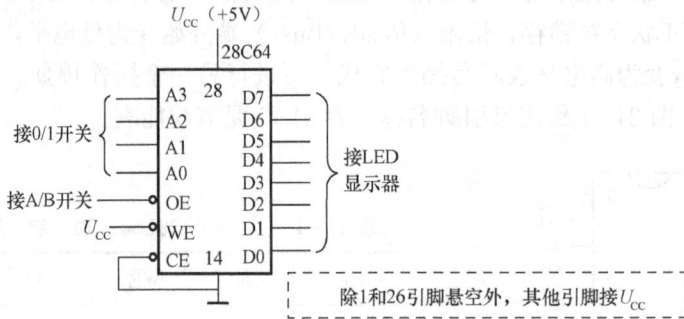

图 21-3 实验电路

六、预习要求

（1）复习教材相关内容，掌握 EEPROM 的读写时序。

（2）恰当组织实验过程，事先绘制好乘法器真值表和实验数据表格。

七、实验报告要求

（1）分析已存储 PROM 的数据表及其功能。

（2）EEPROM 实现乘法器的各地址单元的数据表（单元地址：数据）。

（3）自编程的验证结果。

八、思考题

如何用实验箱自己构造序列信号来实现示波器动态显示某一路数据输出？

第三部分 设计性、综合性实验

实验二十二 共射放大电路的设计

一、实验目的
（1）掌握共射放大电路元器件参数的选择方法。
（2）调试电路，测试放大电路的各项性能指标。
（3）学习使用 Multisim X 仿真软件，对所设计的共射放大电路进行仿真测试。

二、设计要求
图 22-1 所示为固定偏置的共射放大电路的原理图。已知参数如下：$U_{CC}=12V$，$C_1=C_2=C_E=47\mu F$，晶体管为 9013，β 约为 100，要求静态工作点 $I_{CQ}\geqslant 1mA$，$U_{CEQ}\geqslant 3V$，$A_u=100$，$R_i=2k\Omega$，$R_o=5.1k\Omega$，$R_L=5.1k\Omega$。

三、实验设备及器件
直流稳压电源，函数信号发生器，双踪示波器，面包板，9013，电阻、电容若干。

四、实验内容
（1）根据设计要求初步确定 R_{B1}、R_{B2}、R_C 和 R_E 的值，并按图 22-1 连接好实验电路。

（2）调试放大电路的静态工作点，调整有关元件的参数，使静态工作点 I_{CQ}、U_{CEQ} 满足设计要求。分

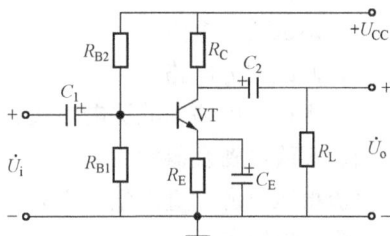

图 22-1 共射放大电路的原理图

析电路参数 U_{CC}、R_E、R_C、R_{B1} 和 R_{B2} 的变化对静态工作点的影响，总结其规律。

（3）观察静态工作点变动时对输出波形和放大倍数的影响。

（4）测量所设计电路的电压放大倍数 A_u、输入电阻 R_i、输出电阻 R_o，调整有关元件的参数，使 A_u、R_i、R_o 满足设计要求，然后测量通频带和动态范围。

（5）对所设计的共射放大电路进行仿真测试。在 Multisim X 仿真软件工作平台上测试所设计共射放大电路的 I_{CQ}、U_{CEQ}、A_u、R_i、R_o，调整有关元件的参数，使其满足设计要求。研究电路元件参数改变对静态工作点和电压放大倍数的影响；研究温度变化对静态工作点的影响。

五、设计报告要求
（1）电路元件参数选择的简要过程，选择结果。
（2）拟定实验步骤。
（3）记录测试结果，对测试结果进行分析，得出结论。
（4）其他详见"实验报告书写要求"。
（5）同时提交仿真设计报告。

实验二十三 模拟运算电路设计

一、实验目的

(1) 熟悉模拟信号基本运算电路的设计方法。

(2) 学会根据设计任务选择模拟信号基本运算电路的电路结构和元器件的型号及参数。

(3) 进一步掌握双踪示波器的使用方法。

二、设计任务

(1) 设计两个电路，分别实现下列运算：

1) $u_o = 5u_{i1} - 2u_{i1}$；

2) $u_o = -4\displaystyle\int u_{i1}\,\mathrm{d}t - 2u_{i1}$。

(2) 主要技术指标：输入电阻 $R_i \geqslant 10\mathrm{k}\Omega$；$u_{i1}$ 是频率为 1kHz，幅值为 $\pm 1\mathrm{V}$ 的方波；$u_{i2} = 1\mathrm{V}$。

三、实验内容

(1) 调试减法电路。

(2) 调试积分电路。

(3) 将积分电路和减法电路接通进行调试。

四、实验设备及器件

直流稳压电源，直流信号源，函数信号发生器，双踪示波器，面包板，集成运算放大器，电阻、电容若干。

五、实验原理

在电子线路的设计中，模拟信号的基本运算包括加、减、乘、除、乘方、开方、积分、微分等。它们是常用的信号处理方式。

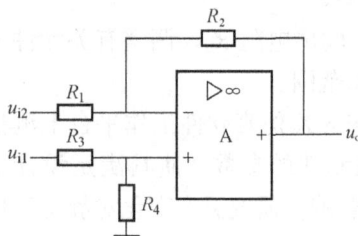

图 23-1 减法器

对于设计任务（1），实际上是对两个信号实现比例相减运算，从实现功能上来讲，可以选用图 23-1 所示的减法电路，该电路的输出电压表达式为

$$u_o = \left(1 + \frac{R_2}{R_1}\right)\frac{R_4}{R_3 + R_4}u_{i1} - \frac{R_2}{R_1}u_{i2}$$

通过合理选择电阻阻值就可实现设计任务要求的减法运算。

图 23-1 所示的电路结构简单，但在实际设计中存在下述问题。

(1) 电阻阻值选择的难度大。选择电阻阻值时，除了考虑比例系数，还必须考虑输入电阻的要求，同时为了减小零漂，还必须满足静态电阻匹配的要求，即要求 $R_1 /\!/ R_2 = R_3 /\!/ R_4$。这显然增加了电阻阻值选择的难度。

(2) 运算放大器选择的要求高。在运算放大器 A 的同向输入端和反向输入端都有一定的共模信号，为提高电路的共模抑制比，运算放大器必须选择共模抑制比较高的运算放大器。

因此图 23-1 中电路并不是一种很好的方案。图 23-2 所示的两级放大电路构成的减法

器电路，可以较好地解决上述问题。图 23-2 中

$$u_o = \frac{R_{f1}R_{f2}}{R_1 R_2}u_{i1} - \frac{R_{f2}}{R_3}u_{i2}$$

$$R_5 = R_1 // R_{f1}$$

$$R_6 = R_2 // R_3 // R_{f2}$$

这使得电阻取值方便，同时可以保证对输入电阻的要求。由于两个运算放大器的信号都从反向输入端输入，而同向输入端虚地，理想情况下运算放大器的两输入端共模电压均为零，因此降低了对运算放大器共模抑制比的要求。

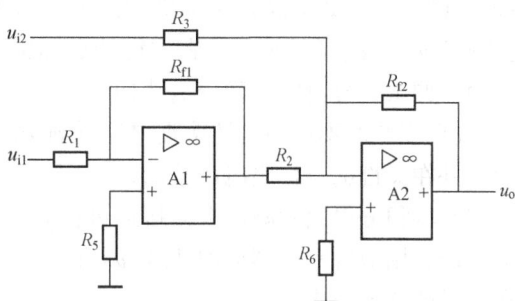

图 23-2 两级放大电路构成的减法器

对于设计任务（2），其功能是实现比例积分和比例相减，可以通过在图 23-2 电路的前面加一级积分电路的方式实现，如图 23-3 所示。使积分电路的输出为

$$u_{o1} = -\frac{1}{RC}\int u_{i1}\,dt = -\frac{4}{5}\int u_{i1}\,dt$$

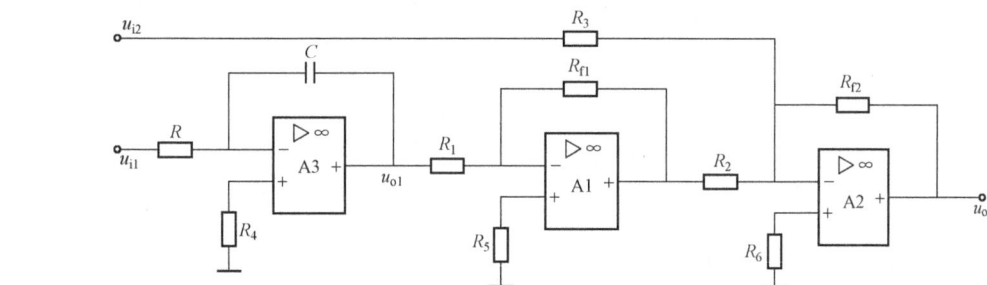

图 23-3 积分-减法运算电路

图 23-3 就可实现设计任务（2）要求的运算 $u_o = -4\int u_{i1}\,dt - 2u_{i1}$。

本实验实现的是模拟信号的运算，为保证运算精度，元器件精度应该比较高，电阻应选用误差为 1% 的五环金属膜电阻，电容选用精度比较高的聚酯或聚丙烯电容，运算放大器选用开环增益大、温漂和零漂比较小、输入电阻比较大的运算放大器，如 TL082、OP07、OP27 等。

六、实验步骤

（1）按照设计要求确定元器件型号和参数。

（2）按照画好的电路图在面包板上连接电路，反复检查以保无误。

（3）调试减法电路。

将双踪示波器两个垂直微调旋钮和水平微调钮都顺时针旋转到底至校正位置，参考附录五"UTD2000L 数字示波器使用说明"中第七部分"使用实例"的例 1 中有关幅度测量、周期测量方法。

用双踪示波器观察 u_{i1} 和 u_{i2}，通过对函数信号发生器和直流信号源的调整，使 u_{i1} 为频率 1kHz、幅值 ±1V 的方波，$u_{i2}=1$V。

　　直流稳压电源提供的直流偏置电压取±12V。减法电路通电后，用双踪示波器同时观察 u_{i1} 和 u_o 的波形。如果没有 u_o 波形或波形不正确，请检查电路排除故障，直到显示正确的波形。描绘 u_{i1} 和 u_o 的波形，并在关键的点标出电压数值。

　　（4）调试积分电路。积分电路通电后，用双踪示波器同时观察 u_{i1} 和 u_{o1} 的波形，如果没有 u_{o1} 波形或波形不正确，请检查电路并排除故障，直到显示正确的波形。描绘 u_{i1} 和 u_{o1} 的波形，并在关键的点标出电压数值。

　　（5）将积分电路和减法电路接通进行调试。将积分电路的输出端接入减法电路的反向信号输入端，用双踪示波器同时观察 u_{i1} 和 u_o 的波形，有故障请排除。描绘 u_{i1} 和 u_o 的波形，并在关键的点标出电压数值。

　　七、实验报告要求

　　（1）画出接线图。

　　（2）计算各电阻、电容的参数；选择集成运算放大器的型号。

　　（3）画出各信号的波形；列出有关的实验数据。

　　（4）分析电路的工作情况；写出收获和体会。

实验二十四　方波—三角波产生电路

一、实验目的
(1) 进一步熟悉施密特触发器和积分电路的工作原理。
(2) 掌握方波和三角波的基本实现方法。
(3) 学会根据输出信号的指标选择元器件的型号和参数。

二、设计要求
(1) 输出信号频率为 1kHz。
(2) 输出方波的幅值为 ±6V，三角波的幅值为 ±5V。

三、实验内容
(1) 由施密特触发器（运算放大器构成）和积分电路构成方波—三角波产生电路。
(2) 测试整体电路。

四、实验设备及器件
直流稳压电源，双踪示波器，数字频率计，面包板，集成运算放大器，双向稳压二极管，电位器、电阻、电容若干。

五、实验原理
由施密特触发器（运算放大器构成）和积分电路构成的方波—三角波产生电路如图 24-1 所示。

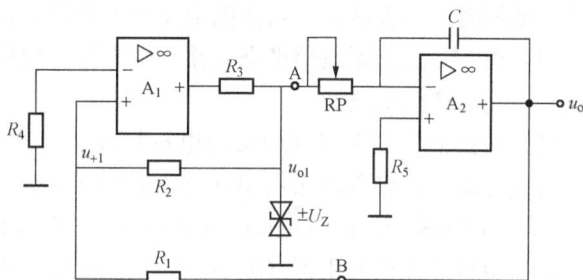

图 24-1　方波—三角波产生原理电路

集成运算放大器 A_1 构成施密特触发器，其输出电压的幅值为双向稳压二极管的稳定电压 $\pm U_Z$。A_2 构成积分电路，当 u_{o1} 是幅值为 $\pm U_Z$ 的方波时，积分电路的输出 u_o 为三角波。A_1 同向输入端的电压为

$$u_{+1} = \frac{u_o - u_{o1}}{R_1 + R_2} R_2 + u_{o1} = \frac{R_2 u_o + R_1 u_{o1}}{R_1 + R_2}$$

当 u_{+1} 变化到 0 时，A1 的输出会发生跳变，因此三角波的幅值为 $\pm \dfrac{R_1}{R_2} U_Z$。

R_3 为限流电阻，其值由集成运算放大器的输出饱和电压、双向稳压二极管的稳定电流等因素决定。电位器 RP 接入电路中的阻值为 R。积分电路的输出

$$u_o = -\frac{1}{RC} \int_{-\infty}^{t} u_{o1} \, dt = \pm \frac{R_1}{R_2} U_Z \mp \frac{1}{RC} U_Z t$$

由于三角波的幅值为 $\pm \dfrac{R_1}{R_2} U_Z$，由上述分析得到该电路的振荡周期为

$$T = \frac{4R_1 RC}{R_2}$$

则频率为

$$f = \frac{R_2}{4R_1 RC}$$

六、实验步骤

(1) 按照设计要求确定元器件型号和参数。

(2) 按照画好的电路图在面包板上连接电路，反复检查以保无误。

(3) 测试整体电路。

电源通电后，用双踪示波器同时观察输出 u_{o1} 和 u_o 的波形，如果没有波形或波形不正确，请检查电路排除故障。测量并记录方波和三角波的频率和幅值，并与设计值进行比较。

七、实验报告要求

(1) 画出接线图。

(2) 计算各电阻、电容的参数；选择集成运算放大器、双向稳压二极管的型号。

(3) 列出实验数据；画出关键信号的波形。

(4) 对实验数据和电路的工作情况进行分析；写出收获和体会。

八、相关知识

能够同时产生方波、三角波的电路形式很多，常见实现方法有以下几种。

(1) 由 555 定时器或单稳态电路产生方波，然后将方波送入积分电路得到三角波，构成方波—三角波产生电路。

(2) 由正弦波发生器（如文氏电桥振荡器）产生正弦波，然后将正弦波送入过零比较器，得到方波，再将方波送入积分电路得到三角波，由此构成方波—三角波产生电路。

(3) 用 DDS（Direct Digital Synthesizer，直接数字频率合成）技术产生方波、三角波。

(4) 由单片函数发生器（如 ICL8038）构成方波—三角波产生电路。

ICL8038 的引脚图如图 24-2 所示，由 ICL8038 构成的方波—三角波发生器基本电路和频率可调方波—三角波发生器分别如图 24-3、图 24-4 所示。

图 24-3 中输出端有 3 个，u_2 为正弦波输出端，u_3 为三角波输出端，u_9 为矩形波输出端，三种输出信号的频率相同。图中 R_L 为负载电阻，由于 PIN9 为 OC 门（集电极开路门）输出端，所以 R_L 不能少。

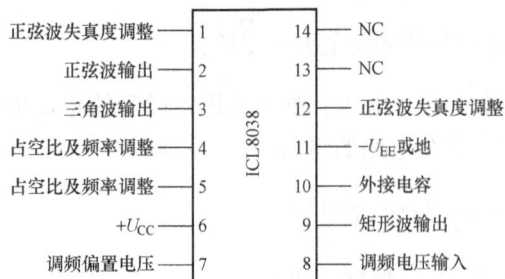

图 24-2 ICL8038 的引脚图

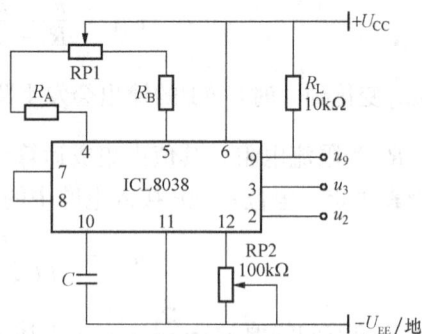

图 24-3 ICL8038 构成的方波—三角波
发生器的基本电路

ICL8038 提供两种确定输出信号频率的办法，第一种方法是通过外接电阻和电容的值确定输出信号频率，如图 24-3 所示，图中 RP1 用于微调 4 脚和 5 脚的外接电阻阻值，如果设 RP1 左部分的电阻值为 $RP1_A$，RP1 右部分的电阻值为 $RP1_B$，则在 $RP1_A + R_A = RP1_B + R_B = R$ 时，输出的矩形波占空比为 50%，频率为 $f=$ 0.33/(RC)。因此可以通过合理选择 R 和 C 的值确定输出信号的频率。RP2 为失真度调节电位器。第二种方法是在 8 脚外接直流电压，通过改变该电压调节输出信号频率，如图 24 - 4 所示，图中在保证 $RP1_A + R_A = RP1_B + R_B$ 的情况下，调节 RP3 就可以改变输出信号的频率。图 24 - 3 和图 24 - 4 中取 $+U_{CC} = +12V$，取 $-U_{EE} = -12V$，这时输出信号的幅值为 $U_{CC}/3$，如果要获得更大幅值的输出信号，可在 ICL8038 的矩形波和三角波输出端加一级由运算放大器构成的同相比例放大器即可。

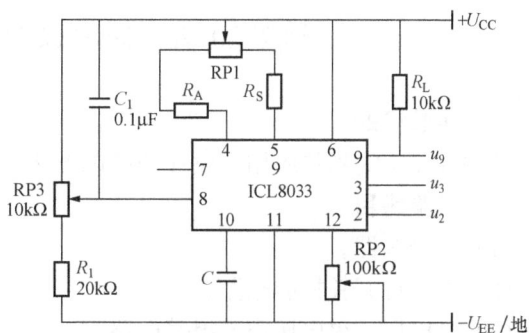

图 24 - 4　ICL8038 构成的频率可调
方波—三角波发生器

实验二十五 应用555定时器的设计性实验

一、实验目的

掌握 555 定时器的应用、设计和调试方法。

二、实验题目

(1) 十分频器。

(2) 楼梯灯开关控制电路。

(3) 过电压、欠电压声光报警电路。

(4) 音频信号发生器。

(5) 救护车警笛声电路。

三、实验内容和要求

1. 十分频器

用 555 定时器设计一个十分频器，输入频率为 10kHz、幅度为 3V 的脉冲信号，输出为 1kHz。

要求：

(1) 设计电路，选取元器件，按设计电路接成实验电路。

(2) 用示波器观察输入输出频率，记录所测数据，画出波形图。

2. 楼梯灯开关控制电路

用 555 定时器设计一个楼梯灯的开关控制电路，要求上下楼梯口均有一个灯开关，无论上楼或下楼只要按一下灯开关即可点亮 2min。

要求：

(1) 设计电路，选取元器件，并接成实验电路。

(2) 路灯用发光二极管代替，调试参数达到设计要求。

3. 过电压、欠电压声光报警电路

设计一个过电压、欠电压声光报警电路，电路正常工作电压为 5V，要求当电压超过 5.5V（过电压）和低于 4.5V（欠电压）时都要报警。

要求：

(1) 设计电路，选取元器件，并接成实验电路。

(2) 用发光二极管和压电陶瓷蜂鸣片进行过电压、欠电压时的声光报警，调试参数达到设计要求。

4. 音频信号发生器

用 555 电路设计一个音频信号发生器，要求其振荡频率在 3～10kHz 范围内可调。

要求：

(1) 设计电路，选取元器件，并接成实验电路。

(2) 记录实验数据，画出波形图。

5. 救护车警笛声电路

设计一个救护车警笛声电路，要求高低两种音调交替出现，交替周期为 1～1.5s。

要求：

（1）设计电路，选取元器件，按设计电路接成实验电路。

（2）调试电路，用实验手段调试出理想的频率。还可以根据此电路调出警车的警笛声。

（3）整理实验数据，确定参数，并用示波器测出比较准确的频率。

四、实验仪器及器件

数字电路实验箱，双踪示波器，NE555、NE556，发光二极管，蜂鸣器，电阻和电容若干。

五、实验报告要求

（1）分析实验任务，选择技术方案。

（2）确定原理框图；画出电路原理图。

（3）对所设计的电路进行综合分析，包括工作原理和设计方法。

（4）写出调试步骤和调试结果，列出实验数据；画出关键信号的波形。

（5）对实验数据和电路的工作情况进行分析，写出收获和体会。

实验二十六 组合逻辑电路设计

一、实验目的
（1）能用指定芯片完成组合逻辑电路的设计。
（2）用实验验证所设计的逻辑电路的逻辑功能。
（3）熟悉各种集成门电路及正确使用集成门电路。

二、设计内容
1. 表决电路
用 74LS20 设计一表决逻辑电路。设有三个输入变量 A、B、C，当输入变量中有两个或三个全为高电平"1"时，输出 Y 为"1"，否则输出 Y 为"0"。

2. 半加器
（1）采用 74LS00 和六反相器 74LS04 芯片设计。
（2）采用异或门 74LS86 和与非门 74LS00 设计，并验证结果。

3. 全加器
采用 74LS86 和 74LS00 芯片设计。

4. 不一致电路
电路有 3 个输入端 A、B、C，1 个输出端 Y。当三者不一致时 Y 为"1"，否则输出 Y 为"0"。自选芯片设计。

三、实验仪器及器件
数字电路实验箱，双踪示波器，74LS00、74LS20、74LS04、74LS86 等。

四、设计方法
设计组合逻辑电路的一般步骤如图 26-1 所示。

逻辑表达式的化简过程是组合逻辑电路设计的关键，关系到电路组成是否最佳，以及使用的逻辑门的数量是否最少。由于逻辑表达式不是唯一的，因此需要从实际出发，结合手中所有的逻辑门种类，将简化的表达式进行改写，以实现其逻辑功能。

要求电路最简（器件最少、器件间的连线最少）。

按设计内容要求于实验前完成设计，画出逻辑电路及实验用的连线图，拟定实验仪器及元件，写出测试步骤。实验课时到实验室进行调试。

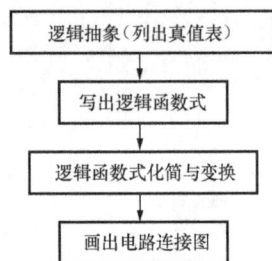

图 26-1 组合逻辑电路的设计步骤

逻辑抽象（列出真值表）→写出逻辑函数式→逻辑函数式化简与变换→画出电路连接图

五、实验步骤
自拟实验步骤，完成下述任务：
1. 按照实验前设计好的连线图连线
2. 静态测试
输入变量接 0/1 开关信号，输出变量接 LED 0/1 显示器。改变输入开关量组合，观察 LED 0/1 显示器，测试电路的逻辑功能是否与设计功能一致。记录测试结果。
3. 动态测试
用实验系统中两两分频的序列信号作为输入信号接至输入端，输出端接双踪示波器一个垂直通道，输入端之一接另一个垂直通道，观察并记录各输入波形和输出波形如图26-2。

六、实验报告要求

（1）所设计的逻辑电路的原理图、连线图和测试结果。

（2）测试过程中出现的问题及解决办法。

七、相关知识

部分集成电路的引脚排列及逻辑功能表达式如图26-3所示。

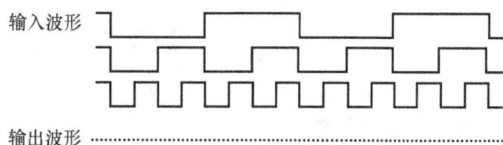

图 26-2 动态测试波形图

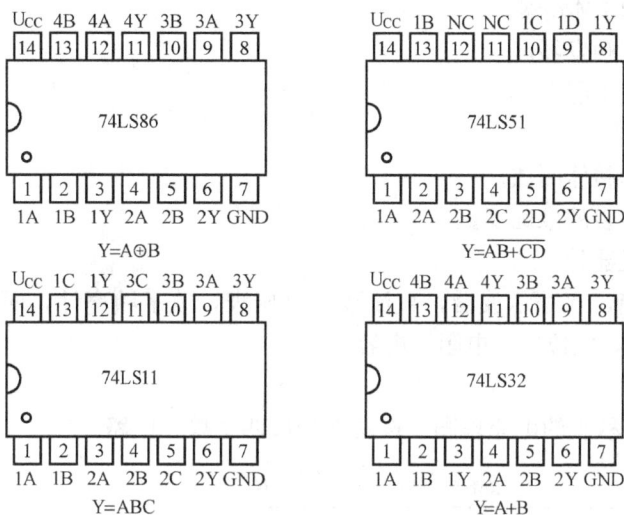

图 26-3 部分集成电路的引脚排列

实验二十七　电　子　秒　表

一、实验目的

(1) 学习数字电路中基本 RS 触发器、单稳态触发器、时钟发生器及计数、译码显示等单元电路的综合应用。

(2) 学习电子秒表的调试方法。

二、实验内容

(1) 测试基本 RS 触发器。

(2) 测试单稳态触发器。

(3) 测试时钟发生器。

(4) 测试计数器。

(5) 电子秒表的整体测试。

(6) 测试电子秒表的准确度。

三、实验设备及器件

数字逻辑实验箱，双踪示波器，直流数字电压表，数字频率计，面包板，$74LS00 \times 2$，555×1，$74LS90 \times 3$，电位器、电阻、电容若干。

四、实验原理

图 27 - 1 为电子秒表的电原理图。按功能分成四个单元电路。

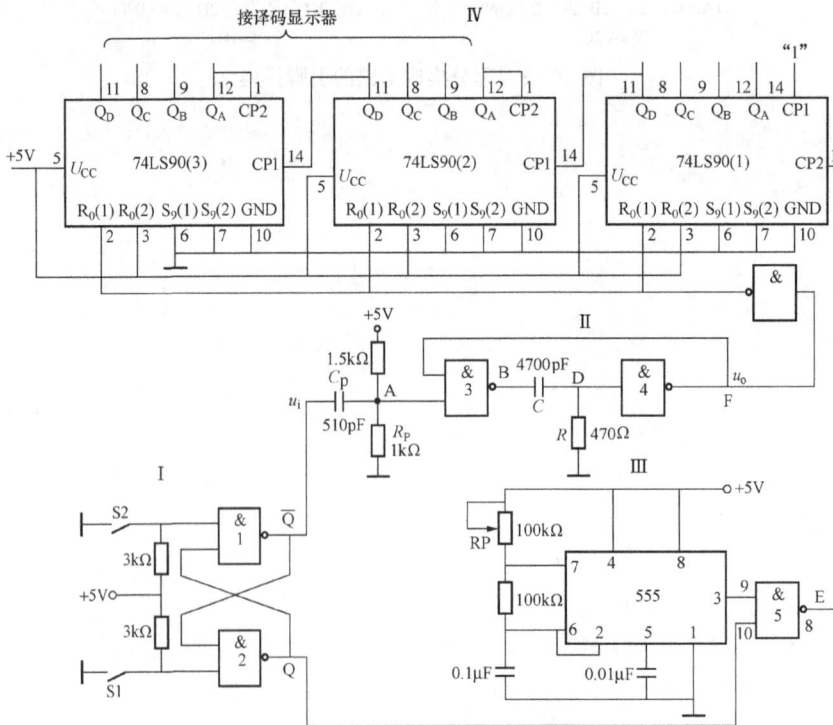

图 27 - 1　电子秒表的电原理图

1. 基本 RS 触发器

图 27-1 中单元 I 为用集成与非门构成的基本 RS 触发器。属低电平直接触发的触发器，有直接置位、复位的功能。

它的一路输出 $\overline{Q}$ 作为单稳态触发器的输入，另一路输出 Q 作为与非门 5 的输入控制信号。按动按钮开关 SB2（接地），则门 1 输出 $\overline{Q}=1$；门 2 输出 Q=0，SB2 复位后 Q、$\overline{Q}$ 状态保持不变。再按动按钮开关 SB1，则 Q 由 0 变为 1，门 5 开启，为计数器启动做好准备。$\overline{Q}$ 由 1 变 0，送出负脉冲，启动单稳态触发器工作。

基本 RS 触发器在电子秒表中的职能是启动和停止秒表的工作。

2. 单稳态触发器

图 27-1 中单元 II 为用集成与非门构成的微分型单稳态触发器，图 27-2 为各点波形图。

单稳态触发器的输入触发负脉冲信号 u_i，由基本 RS 触发器 $\overline{Q}$ 端提供，输出负脉冲 u_o 通过非门加到计数器的清除端 R_0。

静态时，门 4 应处于截止状态，故电阻 R 必须小于门的关门电阻 R_{OFF}。定时元件 RC 取值不同，输出脉冲宽度也不同。当触发脉冲宽度小于输出脉冲宽度时，可以省去输入微分电路的 R_P 和 C_P。

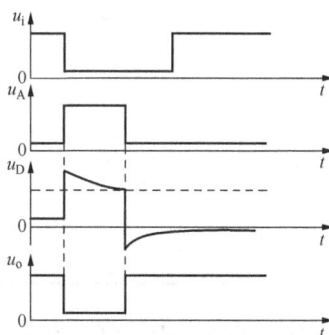

图 27-2 单稳态触发器波形图

单稳态触发器在电子秒表中的职能是为计数器提供清零信号。

3. 时钟发生器

图 27-1 中单元 III 为用 555 定时器构成的多谐振荡器，是一种性能较好的时钟源。调节电位器 RP，使在输出端 3 获得频率为 50Hz 的矩形波信号，当基本 RS 触发器 Q=1 时，门 5 开启，此时 50Hz 脉冲信号通过门 5 作为计数脉冲加于计数器（1）的计数输入端 CP2。

4. 计数及译码显示

二-五-十进制加法计数器 74LS90 构成电子秒表的计数单元，如图 27-1 中单元 IV 所示。其中计数器（1）接成五进制形式，对频率为 50Hz 的时钟脉冲进行五分频，在输出端 Q_D 取得周期为 0.1s 的矩形脉冲，作为计数器（2）的时钟输入。计数器（2）及计数器（3）接成 8421 码十进制形式，其输出端与实验装置上译码显示单元的相应输入端连接，可显示 0.1~0.9s、1~9.9s 计时。

74LS90 是异步二-五-十进制加法计数器，它既可以作二进制加法计数器，又可以作五进制和十进制加法计数器。74LS90 引脚排列请见"实验十六 集成计数器及其设计应用"中的相关知识部分。

表 27-1 为 74LS90 的功能表。通过不同的连接方式，74LS90 可以实现四种不同的逻辑功能；而且还可借助 R_0（1）、R_0（2）对计数器清零，借助 S_9（1）、S_9（2）将计数器置 9。其具体功能详述如下：

（1）计数脉冲从 CP1 输入，Q_A 作为输出端，为二进制计数器。

（2）计数脉冲从 CP2 输入，$Q_D Q_C Q_B$ 作为输出端，为异步五进制加法计数器。

（3）若将 CP2 和 Q_A 相连，计数脉冲由 CP1 输入，Q_D、Q_C、Q_B、Q_A 作为输出端，则构成异步 8421 码十进制加法计数器。

表 27 - 1 74LS90 功 能 表

输 入			输 出		功 能
清 零	置 9	时 钟			
R_0 (1)、R_0 (2)	S_9 (1)、S_9 (2)	CP1 CP2	Q_D Q_C Q_B Q_A		
1 1	0 × × 0	× ×	0 0 0 0		清 零
0 × × 0	1 1	× ×	1 0 0 1		置 9
0 × × 0	0 × × 0	↓ 1	Q_A 输出		二进制计数
		1 ↓	$Q_D Q_C Q_B$ 输出		五进制计数
		↓ Q_A	$Q_D Q_C Q_B Q_A$ 输出 8421BCD 码		十进制计数
		Q_D ↓	$Q_A Q_D Q_C Q_B$ 输出 5421BCD 码		十进制计数
		1 1	不变		保持

(4) 若将 CP1 与 Q_D 相连,计数脉冲由 CP2 输入,Q_A、Q_D、Q_C、Q_B 作为输出端,则构成异步 5421 码十进制加法计数器。

(5) 清零、置 9 功能。

1) 异步清零。当 R_0 (1)、R_0 (2) 均为"1";S_9 (1)、S_9 (2) 中有"0"时,实现异步清零功能,即 $Q_D Q_C Q_B Q_A = 0000$。

2) 置 9 功能。当 S_9 (1)、S_9 (2) 均为"1";R_0 (1)、R_0 (2) 中有"0"时,实现置 9 功能,即 $Q_D Q_C Q_B Q_A = 1001$。

五、实验步骤

由于实验电路中使用器件较多,实验前必须合理安排各器件在面包板上的位置,使电路逻辑清楚,接线较短。

实验时,应按照实验任务的次序,将各单元电路逐个进行接线和调试,即分别测试基本 RS 触发器、单稳态触发器、时钟发生器及计数器的逻辑功能,待各单元电路工作正常后,再将有关电路逐级连接起来进行测试……,直到测试电子秒表整个电路的功能。这样的测试方法有利于检查和排除故障,保证实验顺利进行。

1. 基本 RS 触发器的测试

测试方法参考门电路测试实验。

2. 单稳态触发器的测试

(1) 静态测试。用直流数字电压表测量 A、B、D、F 各点电位值。记录之。

(2) 动态测试。输入端接 1kHz 连续脉冲源,用示波器观察并描绘 D 点 (u_D)、F 点 (u_o) 波形,如嫌单稳输出脉冲持续时间太短,难以观察,可适当加大微分电容 C (如改为 $0.1\mu F$) 待测试完毕,再恢复 4700pF。

3. 时钟发生器的测试

用示波器观察 E 点输出电压波形并测量其频率,调节 RP,使输出矩形波频率为 50Hz。

4. 计数器的测试

(1) 计数器（1）接成五进制形式，R_0（1）、R_0（2）、S_9（1）、S_9（2）接 0/1 开关，CP2 接单次脉冲源，CP1 接高电平"1"，$Q_D \sim Q_A$ 接数字电路实验箱上译码显示输入端 D、C、B、A。按表 27 - 1 测试其逻辑功能，记录之。

(2) 计数器（2）及计数器（3）接成 8421 码十进制形式，同内容（1）进行逻辑功能测试。记录之。

(3) 将计数器（1）、（2）、（3）级连，进行逻辑功能测试。记录之。

5. 电子秒表的整体测试

各单元电路测试正常后，按图 27 - 1 把几个单元电路连接起来，进行电子秒表的总体测试。

先按下按钮开关 S2，此时电子秒表不工作，再按下按钮开关 S1，则计数器清零后便开始计时，观察数码管显示计数情况是否正常。如不需要计时或暂停计时，按下开关 S2，计时立即停止，但数码管保留所计时之值。

6. 电子秒表准确度的测试

利用电子钟或手表的秒计时对电子秒表进行校准。

六、实验报告

(1) 总结电子秒表整个调试过程。

(2) 分析调试中发现的问题及故障排除方法。

七、预习报告

(1) 复习数字电路中 RS 触发器、单稳态触发器、时钟发生器及计数器等部分内容。

(2) 除本实验中所采用的时钟源外，选用其他两种不同类型的时钟源，供本实验用。画出电路图，选取元器件。

(3) 列出电子秒表单元电路的测试表格。

(4) 列出调试电子秒表的步骤。

实验二十八　智力竞赛抢答装置

一、实验目的

(1) 学习数字电路中 D 触发器、分频电路、多谐振荡器、CP 时钟脉冲源等单元电路的综合运用。

(2) 熟悉智力竞赛抢赛器的工作原理。

(3) 了解简单数字系统实验、调试及故障排除方法。

二、实验内容

(1) 调试多谐振荡器。

(2) 调试分频器。

(3) 测试抢答器的功能。

三、设备与器件

数字逻辑实验箱，双踪示波器，直流数字电压表，数字频率计，面包板，74LS175、74LS20、74LS74、74LS00，电位器、电阻、电容若干。

四、实验原理

图 28-1 为供四人用的智力竞赛抢答装置线路，用以判断抢答优先权。图中 F1 为 4D 触发器 74LS175，它具有公共置 0 端和公共 CP 端，引脚排列见附录；F2 为双 4 输入与非门 74LS20；F3 是由 74LS00 组成的多谐振荡器；F4 是由双 D 触发器 74LS74 组成的四分频电路，F3、F4 组成抢答电路中的 CP 时钟脉冲源，抢答开始时，由主持人清除信号，按下复位开关 S，74LS175 的输出 $Q_1 \sim Q_4$ 全为 0，所有发光二极管 LED 均熄灭，当主持人宣布"抢答开始"后，首先作出判断的参赛者立即按下开关，对应的发光二极管点亮，同时，通过与非门 F2 送出信号锁住其余三个抢答者的电路，不再接受其他信号，直到主持人再次清除信号为止。

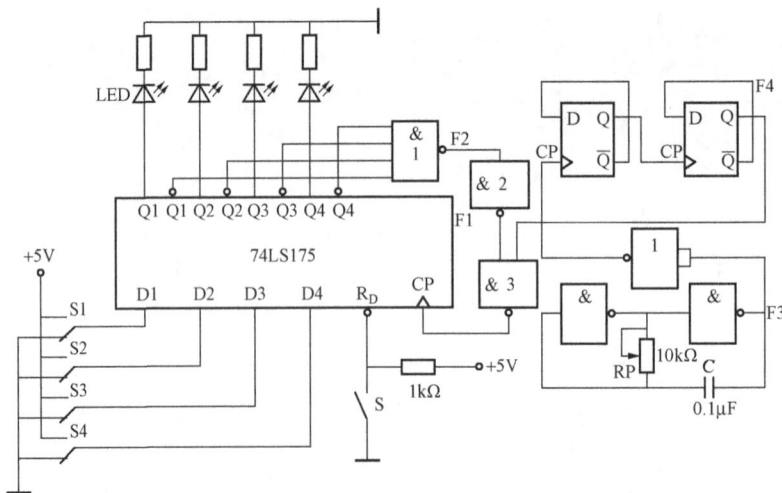

图 28-1　智力竞赛抢答装置原理图

五、实验内容

（1）测试各触发器及各逻辑门的逻辑功能，判断器件的好坏。

（2）按图 28-1 接线，抢答器五个开关可以采用接数字逻辑实验箱的 0/1 开关、发光二极管接逻辑电平显示器。

（3）断开抢答器电路中 CP 脉冲源电路，单独对多谐振荡器 F3 及分频器 F4 进行调试，调整多谐振荡器 10kΩ 电位器，使其输出脉冲频率约 4kHz，观察 F3 及 F4 输出波形及测试其频率。

（4）测试抢答器电路功能。

接通＋5V 电源，CP 端接实验装置上连续脉冲源，取重复频率约 1kHz。

1）抢答开始前，开关 S1、S2、S3、S4 均置"0"，准备抢答，将开关 S 置"0"，发光二极管全熄灭，再将 S 置"1"。抢答开始，S1、S2、S3、S4 某一开关置"1"，观察发光二极管的亮、灭情况，然后再将其他三个开关中任一个置"1"，观察发光二极的亮、灭有否改变。

2）重复 1）的内容，改变 S1、S2、S3、S4 任一个开关状态，观察抢答器的工作情况。

3）整体测试。断开实验装置上的连续脉冲源，接入 F3 及 F4，再进行实验。

六、实验预习要求

若在图 28-1 电路中加一个计时功能，要求计时电路显示时间精确到秒，最多限制为 2 分钟，一旦超出限时，则取消抢答权。电路如何改进？

七、实验报告

（1）分析智力竞赛抢答装置各部分功能及工作原理。

（2）总结数字系统的调试方法。

（3）分析实验中出现的故障及解决办法。

实验二十九　$3\frac{1}{2}$ 位直流数字电压表

一、实验目的

（1）了解双积分式 A/D 转换器的工作原理。

（2）熟悉 $3\frac{1}{2}$ 位 A/D 转换器 CC14433 的性能及其引脚功能。

（3）掌握用 CC14433 构成直流数字电压表的方法。

二、实验内容

（1）组装、调试数码显示部分。

（2）连接、调整标准电压源。

（3）总体调试。

三、实验设备及器件

数字逻辑实验箱，双踪示波器，直流数字电压表，面包板，CC14433、CC4511、MC1413、MC1403、9013 各 1，LED 共阴极数码管×4，电位器、电阻、电容、开关若干。

四、实验原理

直流数字电压表的核心器件是一个间接型 A/D 转换器，它首先将输入的模拟电压信号变换成易于准确测量的时间量，然后在这个时间宽度里用计数器计时，计数结果就是正比于输入模拟电压信号的数字量。

1. V - T 变换型双积分 A/D 转换器

图 29 - 1 是双积分 ADC 的控制逻辑框图。它由积分器（包括运算放大器 A1 和 RC 积分网络），过零比较器 A2，n 位二进制计数器，开关控制电路，门控电路，参考电压 U_R 与时钟脉冲源 CP 组成。

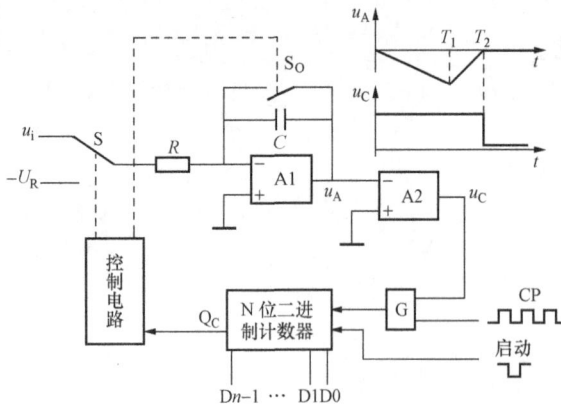

图 29 - 1　双积分 ADC 原理框图

转换开始前，先将计数器清零，并通过控制电路使开关 S_O 接通，将电容 C 充分放电。由于计数器进位输出 $Q_C=0$，控制电路使开关 S 接通 u_i，模拟电压与积分器接通，同时，门 G 被封锁，计数器不工作。积分器输出 u_A 线性下降，经零值比较器 A2 获得一方波 u_C，打开门 G，计数器开始计数，当输入 2^n 个时钟脉冲后 $t=T_1$，各触发器输出端 D$n-1$～D0 由 111…1 回到 000…0，其进位输出 $Q_C=1$，作为定时控制信号，通过控制电路将开关 S 转换至基准电压源 $-U_R$，积分器向相反方向积分，u_A 开始线性上升，计数器重新从 0 开始计数，直到 $t=T_2$，u_A 下降到 0，比较器输出的正方波结束，此时计数器中暂存二进制数字就是 u_i 相对应的二进制数码。

2. $3\frac{1}{2}$ 位双积分 A/D 转换器 CC14433 的性能特点

CC14433 是 CMOS 双积分式 $3\frac{1}{2}$ 位 A/D 转换器，它是将构成数字和模拟电路的约 7700 多个 MOS 晶体管集成在一个硅芯片上，芯片有 24 只引脚，采用双列直插式，其引脚排列与功能如图 29 - 2 所示。

引脚功能说明：

U_{AG}（1 脚）：被测电压 U_X 和基准电压 U_R 的参考地。

U_R（2 脚）：外接基准电压（2V 或 200mV）输入端。

U_X（3 脚）：被测电压输入端。

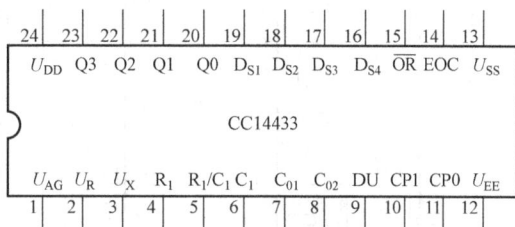

图 29 - 2　CC14433 引脚排列

R_1（4 脚）、R_1/C_1（5 脚）、C_1（6 脚）：外接积分阻容元件端 $C_1 = 0.1\mu F$（聚酯薄膜电容器），$R_1 = 470k\Omega$（2V 量程）；$R_1 = 27k\Omega$（200mV 量程）。

C_{01}（7 脚）、C_{02}（8 脚）：外接失调补偿电容端，典型值 $0.1\mu F$。

DU（9 脚）：实时显示控制输入端。若与 EOC（14 脚）端连接，则每次 A/D 转换均显示。

CP1（10 脚）、CP0（11 脚）：时钟振荡外接电阻端，典型值为 $470k\Omega$。

U_{EE}（12 脚）：电路的电源最负端，接 −5V。

U_{SS}（13 脚）：除 CP 外所有输入端的低电平基准（通常与 1 脚连接）。

EOC（14 脚）：转换周期结束标记输出端，每一次 A/D 转换周期结束，EOC 输出一个正脉冲，宽度为时钟周期的二分之一。

$\overline{OR}$（15 脚）：过量程标志输出端，当 $|U_X| > U_R$ 时，$\overline{OR}$ 输出为低电平。

$DS_4 \sim DS_1$（16～19 脚）：多路选通脉冲输入端，DS_1 对应于千位，DS_2 对应于百位，DS_3 对应于十位，DS_4 对应于个位。

Q0～Q3（20～23 脚）：BCD 码数据输出端，DS_2、DS_3、DS_4 选通脉冲期间，输出三位完整的十进制数，在 DS_1 选通脉冲期间，输出千位 0 或 1 及过量程、欠量程和被测电压极性标志信号。

CC14433 具有自动调零，自动极性转换等功能。可测量正或负的电压值。当 CP1、CP0 端接入 $470k\Omega$ 电阻时，时钟频率 $f \approx 66kHz$，每秒钟可进行 4 次 A/D 转换。它的使用调试简便，能与微处理机或其他数字系统兼容，广泛用于数字面板表，数字万用表，数字温度计，数字量具及遥测、遥控系统。

3. $3\frac{1}{2}$ 位直流数字电压表的组成（实验线路）

线路结构如图 29 - 3 所示。

（1）被测直流电压 U_X 经 A/D 转换后以动态扫描形式输出，数字量输出端 Q0 Q1 Q2 Q3 上的数字信号（8421 码）按照时间先后顺序输出。位选信号 DS_1，DS_2，DS_3，DS_4 通过位选开关 MC1413 分别控制着千位、百位、十位和个位上的四只 LED 数码管的公共阴极。数字信号经七段译码器 CC4511 译码后，驱动四只 LED 数码管的各段阳极。这样就把 A/D 转换器按时间顺序输出的数据以扫描形式在四只数码管上依次显示出来，由于选通重复频率

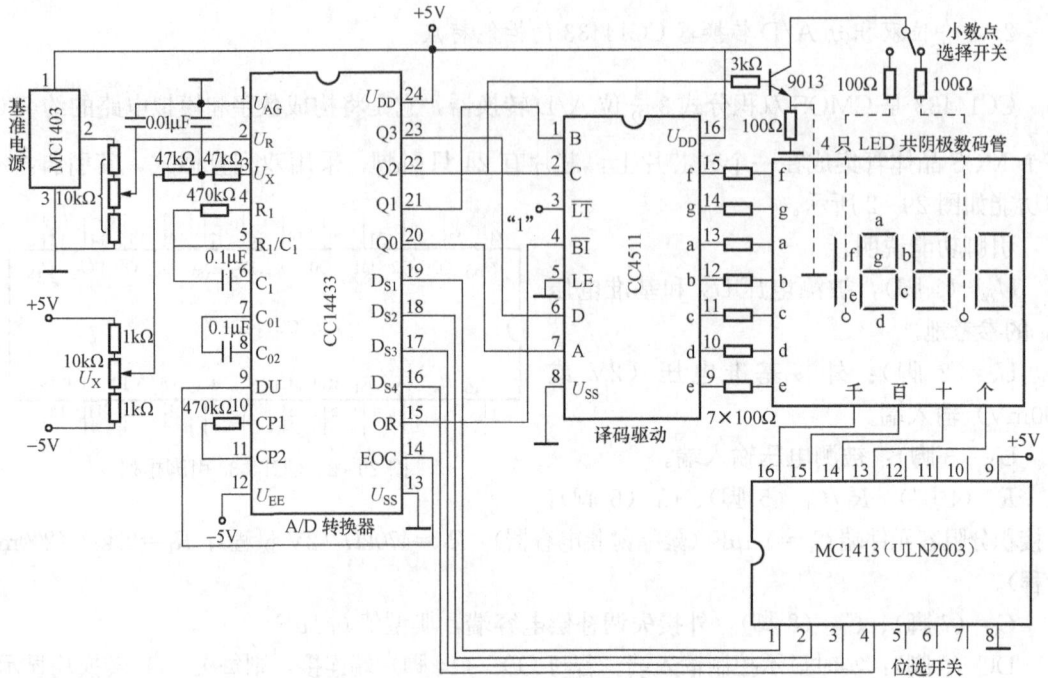

图 29-3　三位半直流数字电压表线路图

较高，工作时从高位到低位以每位每次约 $300\mu s$ 的速率循环显示。即一个 4 位数的显示周期是 1.2ms，所以肉眼就能清晰地看到四位数码管同时显示三位半十进制数字量。

（2）当参考电压 $U_R = 2V$ 时，满量程显示 1.999V；$U_R = 200mV$ 时，满量程为 199.9mV。可以通过选择开关来控制千位和十位数码管的 h 段经限流电阻实现对相应的小数点显示的控制。

（3）最高位（千位）显示时只有 b、c 二根线与 LED 数码管的 b、c 脚相接，所以千位只显示 1 或不显示，用千位的 g 段来显示模拟量的负值（正值不显示），即由 CC14433 的 Q_2 端通过 NPN 晶体管 9013 来控制 g 段。

（4）精密基准电源 MC1403。A/D 转换需要外接标准电压源作参考电压。标准电压源的

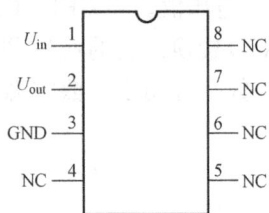

图 29-4　MC1403 引脚排列

精度应当高于 A/D 转换器的精度。本实验采用 MC1403 集成精密稳压源作参考电压，MC1403 的输出电压为 2.5V，当输入电压在 4.5～15V 范围内变化时，输出电压的变化不超过 3mV，一般只有 0.6mV 左右，输出最大电流为 10mA。

MC1403 引脚排列见图 29-4。

（5）实验中使用 CMOS BCD 七段译码/驱动器 CC4511，可参考有关资料。

（6）七路达林顿晶体管列阵 MC1413。MC1413 采用 NPN 达林顿复合晶体管的结构，因此有很高的电流增益和很高的输入阻抗，可直接接受 MOS 或 CMOS 集成电路的输出信号，并把电压信号转换成足够大的电流信号驱动各种负载。该电路内含有 7 个集电极开路反向器（也称 OC 门）。MC1413 电路结构和引脚排列如图 29-5 所示，它采用 16 引脚的双列直插式封装。每一驱动器输出端均接有一释放电感负载能量的抑制二极管。

五、实验步骤

本实验要求按图 29-3 组装并调试好一台三位半直流数字电压表，实验时应一步步地进行。

1. 组装、调试数码显示部分

（1）建议将 4 只数码管插入 40P 集成电路插座上，将 4 个数码管同名笔划段与显示译码的相应输出端连在一起，其中最高位只要将 b、c、g 三笔划段接入电路，按图 29-3 接好连线，但暂不插所有的芯片，待用。

（2）插好芯片 CC4511 与 MC1413，并将 CC4511 的输入端 A、B、C、D 接至拨码开关对应的 A、B、C、D 四个插口处；将 MC1413 的 1、2、3、4 脚接至逻辑开关输出插口上。

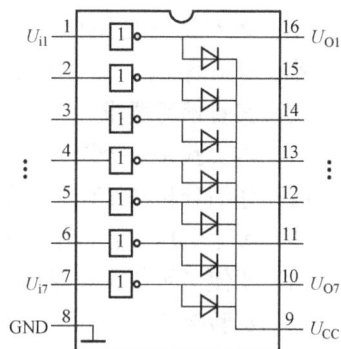

图 29-5　MC1413 引脚排列和电路结构图

（3）将 MC1413 的 2 脚置"1"，1、3、4 脚置"0"，接通电源，拨动码盘（按"＋"或"－"键）自 0～9 变化，检查数码管是否按码盘的指示值变化。

（4）按实验原理说明（3）项的要求，检查译码显示是否正常。

（5）分别将 MC1413 的 3、4、1 脚单独置"1"，重复（3）的内容。如果所有 4 位数码管显示正常，则去掉数字译码显示部分的电源，备用。

2. 连接、调整标准电压源

插上 MC1403 基准电源，用标准数字电压表检查输出是否为 2.5V，然后调整 10kΩ 电位器，使其输出电压为 2.00V，调整结束后去掉电源线，供总装时备用。

3. 总体调试

（1）插好芯片 MC14433，接图 29-3 接好全部线路。

（2）将输入端接地，接通＋5、－5V 电源（先接好地线），此时显示器将显示"000"值，如果不是，应检测电源正负电压。用示波器测量、观察 $DS_1 \sim DS_4$，$Q_0 \sim Q_3$ 波形，判别故障所在。

（3）用电阻、电位器构成一个简单的输入电压 U_X 调节电路，调节电位器，4 位数码将相应变化，然后进入下一步精调。

（4）用标准数字电压表（或用数字万用表代）测量输入电压，调节电位器，使 U_X＝1.000V，这时被调电路的电压指示值不一定显示"1.000"，应调整基准电压源，使指示值与标准电压表误差个位数在 5 之内。

（5）改变输入电压 U_X 极性，使 U_i＝－1.000V，检查"－"是否显示，并按（4）方法校准显示值。

（6）在＋1.999V～0～－1.999V 量程内再一次仔细调整（调基准电源电压）使全部量程内的误差均不超过个位数在 5 之内。

至此一个测量范围在 ±1.999 的三位半数字直流电压表调试成功。

4. 记录数字电压表值

记录输入电压为 ±1.999，±1.500，±1.000，±0.500，0.000 时（标准数字电压表的读数）被调数字电压表的显示值，列表记录之。

5. 测量电压值

用自制数字电压表测量正、负电源电压。如何测量，试设计扩程测量电路。

* 6. 观察精度变化

若积分电容 C_1、C_{02}（0.1μF）换用普通金属化纸介电容时，观察测量精度的变化。

六、实验预习要求

（1）本实验是一个综合性实验，应作好充分准备。

（2）仔细分析图 29-3 各部分电路的连接及其工作原理。

（3）参考电压 U_R 上升，显示值增大还是减少？

（4）要使显示值保持某一时刻的读数，电路应如何改动？

七、实验报告

（1）绘出三位半直流数字电压表的电路接线图。

（2）阐明组装、调试步骤。

（3）说明调试过程中遇到的问题和解决的方法。

（4）组装、调试数字电压表的心得体会。

附　录

附录一　测量方法和测量误差的分析

一、测量方法的分类

在电子电路测量中，利用测量仪器和设备，测量各种有关电量，有各种不同的测量方法，可以把这些测量方法分为两大类。

1. 直接法

直接对被测量进行测量而得到数值的方法，称为直接法。例如用安培表测量电流和用电桥测量电阻，都属于这类测量，结果可以由一次测量的数据得到。

2. 间接法

不直接测量被测之量，而是测量与被测量有一定函数关系的其他一些量，然后根据测得的这些量的数值通过函数关系（公式）计算出被测量的数值的方法，叫间接法。例如，用伏安法测量电阻：用电流表测量被测电阻中通过的电流，用电压表测量被测电阻两端的电压，然后根据欧姆定律计算出电阻，都属于这类测量。

可见，直接法是间接法的基础，因为对与被测量有函数关系的其他各量的测量，仍然是用直接法。间接法是当被测量不可能或不便于直接测量，或者通过间接法可以得到比直接法更准确的结果时才采用。

二、测量误差产生的原因和分类

测量任一物理量，不管采用什么方法，由于测量仪器、测量程序、环境条件和测量人员的能力，都不是绝对完善的，因此不可避免地使测量值与该被测量的真实值（简称真值）有所差异，这个差异就是"误差"。根据误差产生的原因把误差分为三类。

1. 系统误差

这种误差是由于仪器的不完善，使用得不恰当，或测量方法采用了近似公式以及外界因素（如温度、电场、磁场等）所引起的。这类误差在进行反复测量时，其大小保持不变或遵循一般规律变化，由于它有规律性，就有可能通过试验和研究来发现并找出其产生的原因，从而设法防止和消除；有的可以计算出来加以改正。

2. 偶然误差

偶然误差是指那些由于偶然而杂乱出现的，不带任何规律性的误差。产生这种误差的原因一般不详，因而也就无法控制，即使在同一条件下对同一被测量进行多次重复测量，所得结果也往往互不相同，但是只要测量次数足够多，就可以发现偶然误差完全服从统计定律，误差的大小及正负完全由概率决定。因此，随着测量次数的增加，偶然误差的算术平均值逐渐接近于零，所以，多次测量结果的算术平均值将更接近于真值。

3. 疏失误差

疏失误差是由于测量人员的偶然疏忽而造成的过大错误。例如测量时，由于粗枝大叶、过度疲劳或操作不正确，从而读错刻度，记错数字，或计算误差等。这类误差一般很容易看出，对于显然包含有疏失误差的观测结果，应该舍去不计。

三、误差的各种表示方法

1. 绝对误差

如用 X 表示被测量的真值，A 表示被测量的测量值，则 $A-X=\Delta$，Δ 表示测量值与真值之间的差数，称为绝对误差。当 A 比 X 大时，Δ 为正值，即为正误差；当 A 小于 X 时，Δ 为负值，即为负误差。但是被测量的真值实际上是不知道的（因为任何测量都难免有误差，真值是无法得出的），所以我们在实际工作中，是用标准仪器对被测量的测量值来代表它的真值，为了和真值区别开，称它为实际值 A_S。

例如，为了检定出某台仪表的测量误差，必须使用标准仪表来对比。在检定时，将一被测量同时输送给被检表和标准表，标准表的指示值为 A_S，被检表的指示值为 A，则 $A-A_S=\Delta$ 为被检表在这一点上的绝对误差。

2. 相对误差

相对误差为绝对误差值与被测量的比值，一般用百分数表示。在这里，被测量的真值仍用实际值 A_S 代替，所以又称为实际相对误差，用符号 δ 表示，计算式为

$$\delta = \frac{\Delta}{A_S} \times 100\%$$

例如，用标准晶体振荡器来校准频率计，标准晶体振荡器的频率 $f_1=100\text{kHz}$，用被检频率计去测量为 $f_2=101\text{kHz}$，求实际相对误差 δ。

f_1 为被测量的实际值，$A_S=100\text{kHz}$；f_2 为被测频率计的测量值，$A=101\text{kHz}$。

则
$$\delta = \frac{\Delta}{A_S} \times 100\% = \frac{101-100}{100} \times 100\% = 1\%$$

绝对误差不便于比较两个以上测量值的准确度。例如：测量两个信号频率，信号"1"的频率 $f_1=500\text{MHz}$，测量的绝对误差 $\Delta f_1=500\text{Hz}$；信号"2"的频率 $f_2=500\text{Hz}$，测量的绝对误差 $\Delta f_2=0.5\text{Hz}$。从绝对误差角度来看 $\Delta f_2 \ll \Delta f_1$，但因 $f_1 \gg f_2$，不能认为对 f_1 的测量准确度就比对 f_2 的测量准确度差，可见不能用绝对误差进行这样的比较。

相对误差能够确切反映出测量的准确度。

上述对两个频率的测量，各自的相对误差 δ_1、δ_2 为

$$\delta_1 = \frac{\Delta f_1}{f_1} \times 100\% = \frac{500}{500 \times 10^6} \times 100\% = 1 \times 10^{-4}\%$$

$$\delta_2 = \frac{\Delta f_2}{f_2} \times 100\% = \frac{0.5}{500} \times 100\% = 0.1\%$$

显然，$\delta_1 \ll \delta_2$，即 f_1 的测量准确度比 f_2 的测量准确度要高很多。

3. 最大误差（容许误差）

一般测量仪器的准确度指示经常使用最大误差的形式来表示。其含义是：给定一个误差范围，在各次测量中所产生的误差都不应超出这个范围的最大数值。这个最大误差数值界限可以表示为最大绝对误差或最大相对误差。

4. 基本误差和附加误差

（1）基本误差：仪器在规定条件下工作时，在它测量范围内可能出现的最大误差，称为基本误差。

仪器所给出的各项允许误差值，一般都是指规定条件下的最大误差值，即基本误差。

（2）附加误差：当仪器工作在定标条件的一项或几项变化了的情况下（但仪器仍在允许

工作范围内），这时仪器所产生的误差称为附加误差。附加误差都要指明是由哪一个因素所产生的，如频率附加误差，温度附加误差等。

四、误差消除法

在测量中，总是希望得到较准确的结果，误差虽然是难免的，但是在可能的条件下，应使它减到最小。

偶然误差较小，在实践中一般不考虑，如果加以考虑时，可采用重复测量多次取平均值的方法来减少偶然误差对测量结果的影响。

至于疏失误差，在测量中一定要认真仔细，严格要求，防止犯这样的错误。

系统误差虽然具有一定的规律性，但需要通过试验，研究分析来找出它们，然后加以防止和消除。系统误差的危险性就在其没有被发觉的时候最大。所以在进行测量之前，必须预先研究系统误差的所有可能来源，并采取措施消除之，或确定其大小。系统误差的种类很多，并没有千篇一律的消除方法，原则上可以根据发生的原因设法防止。有时也可以按它出现的性质采用适当的方法消除。

1. 根据发生原因的不同，系统误差分为四类

（1）工具误差。

该误差是指由于测量设备的构造上的缺点所引起的误差，如仪器本身校准不好，定义不准确等。这类误差的消除方法是预先校准好量具和仪器，纠正存在的毛病，防止误差的产生或确定其本身的误差值，然后在测量值中引入适当的补值来消除它。

（2）装置误差。

该误差是由于测量仪器和其他设备的放置和安排不当，或使用得不正确所造成的误差，以及由于外界环境条件（如温度、湿度、气压、电磁场等）的改变所引起误差。对这类误差的消除方法是：测量仪器、设备的安放必须遵守使用规定（如水平或垂直放置，电表之间应适当远离，并注意避开过强的外部电磁场）。但是，外界条件对于仪器、设备的影响由于其变化规律颇为复杂，通常都须进行专门的试验、研究，才能作出适当的校正公式或曲线，然后加以修正。

（3）人身误差。

该误差是由于测量者个人特点所引起的误差。如有些人对时间或信号的记录习惯于超前或滞后，读指示刻度时，有人习惯于超过或欠少。又如采用谐振法进行的测量，有时由于视觉的缺陷或手腕运动不够灵活，总不能调到回路的真正谐振点，从而产生一定的测量误差等。对于这类误差的消除方法应从测量者本身提高测量技巧、工作细心严格等主观方面去解决。

（4）方法误差或理论误差。

该误差是由于所采用的测量方法本身而带来的误差。如测量方法所依据的理论不够严格，对所用方法探讨不够，对某些伴随测量所发生的情况不够了解，采用了不适当的简化后近似的公式等，都会引起测量结果的不正确。总之这类误差是由于方法和理论上的不完善造成的，对这类误差要靠细致地分析研究，加以消除。如用伏安法测电阻时，若直接以伏特计的示数对安培计的示数之比作为测量结果，而不计及电表本身电阻的影响，则这个方法本身便包含有理论误差。

2. 根据表现特性的不同，系统误差又可分为固定的和变化的两种

固定的系统误差在测量过程中重复出现时，其大小和方向都不变化，对于测量结果的影响只有一个固定值。变化的系统误差随测量过程发生变化，但是这种变化具有一定的规律，如周期性的变化，或其他规律的变化等。对于固定性的系统误差，如不能用简单的方法确定或消除，还有可能用下列几种特殊测量方法来加以抵消。

（1）替代法。

在测量时，先对被测量进行测量，然后用一已知标准量替代被测量，并改变已知标准量的数值，使测量装置恢复到原来（测量被测量时的）状态，则这时已知标准量的数值，就是被测量的数值。采用这种方法来测量，如替代后确能保证测量装置恢复到原来状态，则由于仪器内部结构及各种外界因素所引起的误差对测量结果将不起作用，因此可以消除由于仪表不准确和装置不妥善所引起的系统误差。

（2）正负误差抵消法。

即在不同情况下进行两次测量，使两次所发生的误差，等值而异号，然后取两次结果的平均值，便可将误差抵消。例如在有外磁场的影响，可以将电流表转动180°再测量一次，取这两次结果的平均值，就可以消除由磁场引起的误差。

附录二 有 效 数 字

一、有效数字的概念

在测量和数值计算中，确定该用几位数字来表示测量或计算的结果，是一件很重要的事情。以为在一个数值中小数点后面的位数越多，这个数值就越准确，或在计算的结果中保留的位数越多，准确度便越大，这两种想法都是错误的。第一种想法的错误在于没有弄清楚小数点的位置不是决定准确度的标准，而仅与所用单位大小有关。例如，记电压为 12.5mV 与 0.0125V，准确度完全相同。第二种想法的错误在于不了解所有的测量由于仪器和我们感官的缺陷，只能做到一定的准确度，因此在计算结果中，无论写多少位数，也不可能把准确度增加到超过测量所能允许的范围，花费大量的时间用在这些过多位数上的计算完全是不必要的。当然，反过来，表示一个测量数字时记的位数过少，低于测量所能达到的精确度，同样也是错误的。

怎样才是正确的呢？例如，用 50V 的电压表测量电压，若指针的读数为 34.4V，很显然，最末一位数字"4"是估计读出的，它可能被读为 34.3V 和 34.5V，所以 34.4V 的最后一位"4"是欠准的，称"欠准数字"，表示该位数可能有一个单位的误差，而在它前面的数则都是准确知道的，因此，称 34.4V 有三位有效数字。

二、有效数字的正确表示

（1）在测量记录时，每一个数据都只应当保留一位欠准数字，即最后一位前的各位数字都必须是准确的。

（2）关于数字"0"，要特别注意它可以是有效数字，也可能不是有效数字。例如在测量某一电阻时，如果仪器精确度可以读出 1.0000Ω，则不应当省略后面的"0"，因为它们都是有效数字。同样读电流时，能够读出 0.50A，就不应当记为 0.5A。而在电压为 0.012V 中，前面两个 0 都不是有效数字，因这些 0 只与所取的单位有关，而与测量的精确度无关，如改用 mV 为单位，则前面两个 0 全部消失，变为 12.5mV，所以有效数字位数实际是三位。

附图 2-1 表示一个 0～50V 的电压表在三次测量中其指针指示的情况。第一次指示位置正指到 12V 处，第二次正指到 30V 处，第三次指示位置在42～43V之间，可分别记录为 12.0V、30.0V、42.2V，小数点后的 1 位是欠准的。

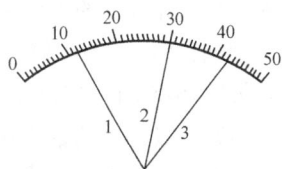
附图 2-1 有效数字

（3）例如，15000Ω 这样的写法是含糊不清的，后面的三个 0 无法知道是不是有效数字，为了明确表示有效数字的位数，通常采用 10 的方次表示，以 10 的方次前面的数字代表有效数字，如写成 $1.500 \times 10^4 \Omega$，就表示有四位有效数字。

（4）表示常数的数字可以认为它的有效数字的位数为无限制，例如：X，Z 等，在计算中，需要几位就可以写几位。

三、有效数字的运算法则

1. 加减运算

首先对各项进行修约，使各数保留小数点后的位数，应与所给各数中小数点后位数最少的相同。例如将 13.65、0.0082、1.632 三个数字相加时，其中 13.65 小数点后仅两位为最少，所以应取 0.0082→0.01、1.632→1.63，则

$$13.65+0.01+1.65=15.29$$

2. 乘除运算

同样，首先对各项进行修约，各因子保留的位数以有效数字位数最少的为标准，所得积或商的有效数字的位数，应与有效数字位数最少的那个因子相同。例如：

$$0.0121\times25.64\times1.05782=?$$

其中 0.0121 为三位有效数字，位数最小，所以应该取 25.64→25.6、1.05782→1.06，则

$$0.0121\times25.6\times1.06=0.3283456\to0.328$$

若有效数字位数最少的数据中第一位为 8 或 9，则有效数字位数可多计一位，例如，9.13 虽有三位，但在计数有效数字时，可作四位计算。

四、有效数字的修约规则

关于有效数字的修约规则，国家科委曾做了推荐，现将 1958 年国家科委标准推荐的《编写国家标准草案暂行办法》中附录三摘录如下：

关于技术方面的各种数据，计量测定和各种计数等方面的数据，在所规定的精确度范围以外的数字，应加取舍时，按照下列规则执行。

（1）所拟舍去的数字中，其最左面的第一个数字小于 5 时，则舍去，即所留下的数字不变。

例如：将 14.2432 修约只留一位小数时，其舍去的数字中最左面第一个数字是 4，应舍去，则结果成为 14.2。

（2）所拟舍去的数字中，其最左面的第一个数字大于 5 时，则进 1，即所留下来的末位数字加 1。

例如：将 26.4843 修约只留一位小数时，其舍去的数字中最左面的第一个数字是 8，应进 1，则结果成为 26.5。

（3）所拟舍去的数字中，其左面的第一个数字等于 5，而后面的数字并非全部为 0 时，则进 1，即所留下的末位数字加 1。

例如：将 1.0501 修约只留一位小数时，其舍去的数字中最左面的第一个数字是 5，5 后面的数字还有 01，应进 1，其结果成为 1.1。

（4）所拟舍去的数字中，其最左面的第一个数字等于 5，而后面的数字全部为 0 时，所保留的数字末位如为奇数则进 1，如为偶数则不进（"0"以偶数论）。

例如：将下列数字修约只留一位小数，其舍去的数字中最左面的第一个数字 5，5 后面的数字全部为 0。

0.05 因所保留的数字末位为"0"，以偶数论，故不进，成为 0.0。

0.15 因所保留的数字末位为"1"，为奇数，故进 1，成为 0.2。

0.250 因所保留的数字末位为"2"，为偶数，故不进，成为 0.2。

0.450 因所保留的数字末位为"4"，为偶数，故不进，成为 0.4。

（5）所拟舍去的数字，并非单独的一个数字时，不得对该数字进行连续的修约，应根据所拟舍去的数字中最左面的第一个数字的大小，按 1、2、3 的规定处理。

例如：将 15.4546 修约成整数。

15.4546→15.455→15.46→15.5→16（不对的做法）

15.4546→15（对的做法）。

（6）整数的修约规定应按 1、2、3、4、5 条的规定办理。

例如：将 1234 修约百位整数，则成为 1200，将 126 修约十位整数，则为 130。

附录三　常用电子元器件的识别与简易测试

一、电阻

1. 常见电阻的外形及图形符号

电阻按引出线的不同可分为轴向引线、径向引线、同向引线、无帽盖结构等。常见电阻的外形及电路符号如附图 3-1 和附图 3-2 所示。

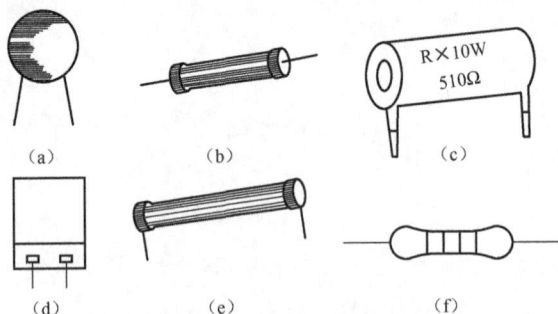

附图 3-1　常见电阻的外形
(a) 热敏电阻；(b) 金属膜电阻；(c) 绕线电阻；(d) 湿敏电阻；
(e) 碳膜电阻；(f) 金属氧化膜电阻

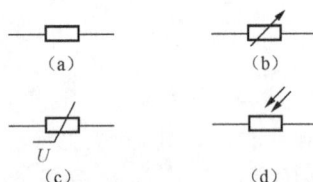

附图 3-2　常见电阻的图形符号
(a) 电阻的一般符号；(b) 可调电阻；
(c) 压敏电阻；(d) 光敏电阻

2. 电阻的主要参数及标识

标称阻值是指电阻表面所标示的阻值。除特殊定做以外其阻值范围应符合国标规定的阻值系列。目前电阻标称阻值有 E6、E12、E24 三大系列，其中 E24 系列最全，现将其列于附表 3-1 中。标称阻值往往与其实际阻值有一定偏差，这个偏差与标称阻值的百分比为电阻的误差。误差越小，电阻精度越高。

附表 3-1　　　　　　　　　　　电阻标称阻值系列

标称阻值系列	精度(%)	标 称 阻 值（×$10^n\Omega$）
E24	±5	1.0、1.1、1.2、1.3、1.5、1.6、1.8、2.0、2.2、2.4、2.7、3.0、3.3、3.6、3.9、4.3、4.7、5.1、5.6、6.2、6.8、7.5、8.2、9.1
E12	±10	1.0、1.2、1.5、1.8、2.2、2.7、3.3、3.9、4.7、5.6、6.8、8.2
E6	±20	1.0、1.5、2.2、3.3、4.7、6.8

电阻阻值的表示方法有下列几种。

（1）直标法：直接用数字表示电阻的阻值和误差，例如电阻上印有 68kΩ±5%，则阻值为 68kΩ，误差为±68kΩ×5%。

（2）文字符号法：用数字和文字符号或两者有规律的组合来表示电阻的阻值。文字符号 Ω、k、M 前面的数字表示阻值的整数部分，文字符号后面的数字表示阻值的小数部分，例如，2k7 其阻值为 2.7kΩ。

（3）色标法：用不同颜色的色环表示电阻的阻值和误差。常见的色环电阻有四环和五环电阻两种，其中五环电阻属于精密电阻，如附表 3-2 和附表 3-3 所列。

附表 3 - 2 四环电阻色标颜色与数值对照表

色环颜色	第一色环第一位数	第二色环第二位数	第三色环倍率	第四色环误差（%）
棕	1	1	$\times 10^1$	±1
红	2	2	$\times 10^2$	±2
橙	3	3	$\times 10^3$	
黄	4	4	$\times 10^4$	
绿	5	5	$\times 10^5$	±0.5
蓝	6	6	$\times 10^6$	±0.25
紫	7	7	$\times 10^7$	±0.1
灰	8	8	$\times 10^8$	±0.05
白	9	9	$\times 10^9$	
黑		0	$\times 10^0$	
金			$\times 10^{-1}$	±5
银			$\times 10^{-2}$	±10

附图 3 - 3 给出了色标法的两个示例。

在实际中，读取色环电阻的阻值时应注意以下几点：

附表 3 - 3 五环电阻色标颜色与数值对照表

色环颜色	第一色环第一位数	第二色环第二位数	第三色环第三位数	第四色环倍率	第五色环误差（%）
棕	1	1	1	$\times 10^1$	±1
红	2	2	2	$\times 10^2$	±2
橙	3	3	3	$\times 10^3$	
黄	4	4	4	$\times 10^4$	
绿	5	5	5	$\times 10^5$	±0.5
蓝	6	6	6	$\times 10^6$	±0.25
紫	7	7	7	$\times 10^7$	±0.1
灰	8	8	8	$\times 10^8$	±0.05
白	9	9	9	$\times 10^9$	
黑	0	0	0	$\times 10^0$	
金				$\times 10^{-1}$	
银				$\times 10^{-2}$	

1）熟记附表 3 - 2 和附表 3 - 3 中色数对应关系。

2）找出色环电阻的第一环，其方法有：色环靠近引出端最近的一环为第一环，四环电阻多以金色作为误差环，五环电阻多以棕色作为误差环。

3）色环电阻标记不清或个人辨色能力差时，只能用万用表测量。

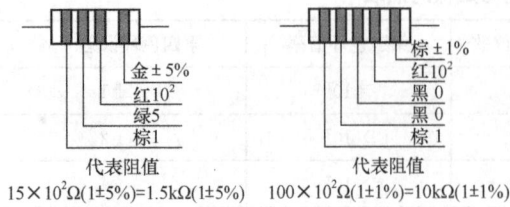

代表阻值
$15 \times 10^2 \Omega (1 \pm 5\%) = 1.5 k\Omega (1 \pm 5\%)$

代表阻值
$100 \times 10^2 \Omega (1 \pm 1\%) = 10 k\Omega (1 \pm 1\%)$

附图 3-3　电阻阻值色标法

（4）数码法：数码法是用三位数码表示电阻的标称阻值。数码从左到右，前两位为有效值，第三位是指零的个数，即表示在前两位有效值后所加零的个数，单位为"Ω"。例如：152 表示在 15 后面加 2 个"0"，即 1500Ω＝1.5kΩ。此种方法在贴片电阻中使用较多。

3. 电阻的额定功率

额定功率是指电阻在规定环境条件下，长期连续工作所允许消耗的最大功率。电路中电阻的实际功率必须小于其额定功率，否则，电阻的阻值及其他性能将会发生改变，甚至烧毁。常用电阻额定功率系列如附表 3-4 所列。

附表 3-4　　　　　　　　　　电 阻 额 定 功 率

名　　称	额 定 功 率 （W）
线绕电阻	0.05、0.125、0.25、0.5、1、2、4、8、10、16、25、40、50、75、100、150、250、500
非线绕电阻	0.05、0.125、0.25、0.5、1、2、5、10、16、25、50、100

电阻的额定功率与体积大小有关，电阻的体积越大，额定功率数值也越大。2W 以下的电阻以自身体积大小表示功率值。电阻体积与功率的关系如附表 3-5 所列。

附表 3-5　　　　　　　　　　电阻的体积与功率关系

额定功率（W）	RT 碳膜电阻		RJ 金属膜电阻	
	长度（mm）	直径（mm）	长度（mm）	直径（mm）
0.125	11	3.9	0~8	2~2.5
0.25	18.5	5.5	7~8.3	2.5~2.9
0.5	28.0	5.5	10.8	4.2
1	30.5	7.2	13.0	6.6
2	48.5	9.5	18.5	8.6

4. 电阻的选用

（1）按用途选择电阻的种类。

（2）在一般档次的电子产品中，选用碳膜电阻就可满足要求。对于环境较恶劣的地方或精密仪器中，应选用金属膜电阻。

（3）正确选取阻值和允许误差。对于一般电路，选用误差为±5%的电阻即可，对于精密仪器应选用高精度的电阻。

（4）为保证电阻可靠耐用，其额定功率应是实际功率的 2~3 倍。

（5）电阻安装前，应将引线进行处理，保证焊接可靠。高频电路中电阻引线不宜长，以减少分布参数的影响；小型电阻的引线不宜短，一般为 5mm 左右。

（6）使用电阻，应注意电阻两端所承受的最高工作电压。

（7）电阻绝缘性能要良好，不能有脱漆现象等。

二、电容器

1. 电容器的种类

电容器按结构可分为固定电容器、可变电容器和微调电容器，按介质可分为空气介质电容器、固体介质（云母、陶瓷、涤纶等）电容器及电解电容器，按有无极性可分为有极性电容器和无极性电容器。常见电容器的外形及图形符号如附图 3-4 所示。

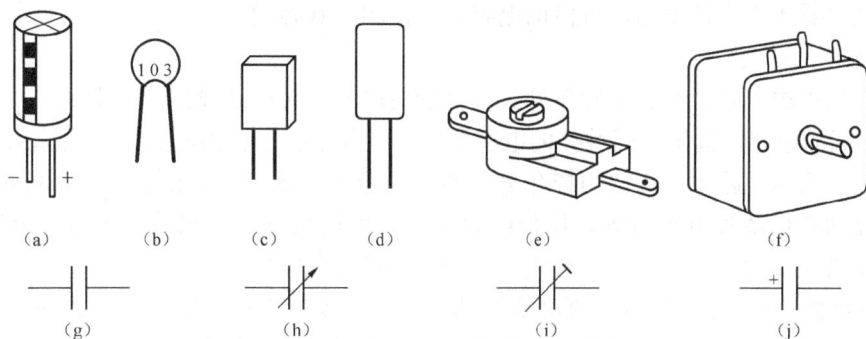

附图 3-4 常见电容器的外形及图形符号

(a) 电解电容器；(b) 瓷介电容器；(c) 玻璃釉电容器；(d) 涤纶电容器；(e) 微调电容器；(f) 双联可调电容器；
(g) 一般电容器图形符号；(h) 可调电容器图形符号；(i) 预调电容器图形符号；(j) 极性电容器图形符号

2. 电容器的主要参数及标识

(1) 电容器容量的单位。电容器的容量是指其加上电压后储存电荷能力的大小。它的国际单位是 F（法），由于 F 这个单位太大，因而常用的单位有 μF（微法），nF（纳法）和 pF（皮法）。其中

$$1\mu F = 10^{-6}F, 1nF = 10^{-9}F, 1pF = 10^{-12}F$$

(2) 额定工作电压。额定工作电压又称为耐压，是指在允许的环境温度范围内，电容上可连续长期施加的最大电压有效值。它一般直接标注在电容器的表面，使用时绝不允许电路的工作电压超过电容器的耐压，否则电容器就会击穿。

(3) 电容器容量的识别方法。电容器容量的标识方法主要有直标法、数码法和色标法三种。

1) 直标法。将电容器的容量、耐压及误差直接标注在电容器的外壳上，其中误差一般用字母来表示。常见的表示误差的字母有 $J(\pm 5\%)$ 和 $K(\pm 10\%)$ 等。例如：47nJ100 表示容量为 47nF 或 0.047μF，误差为 $\pm 47nF \times 5\%$，耐压为 100V。

当电容器所标容量没有单位时，在读其容量时可按如下原则：

容量在 $1 \sim 10^4$ 之间时，单位为 pF，例如：470 读作 470pF。

容量 $> 10^4$ 时，单位为 μF。例如：22000 读作 0.022μF。

2) 数码法。用三位数字来表示容量的大小，单位为 pF。前两位为有效数字，第三位表示倍率，即乘以 10^I，I 的范围是 $1 \sim 9$，其中 9 表示 10^{-1}。例如：333 表示 33 000pF 或 0.033μF，229 表示 2.2pF。

3) 色标法。这种表示方法与电阻的色环表示方法类似，其颜色所代表的数字与电阻色环完全一致，单位为 pF。

3. 电容器的简易测试

电容器在使用前应对其漏电情况进行检测。容量在 $1 \sim 100\mu F$ 内的电容用万用表的 R×

10kΩ 档检测，容量大于 $100\mu F$ 的电容用 R×1kΩ 档检测。具体方法：将万用表两表笔分别接在电容器的两端，指针应先向右摆动，然后回到"∞"位置附近。表笔对调重复上述过程，若指针距"∞"处很近或指在"∞"位置上，说明漏电电阻大，电容性能好；若指针距"∞"处较远，说明漏电电阻小，电容性能差；若指针在"0"处始终不动，说明电容内部短路。对于 4700pF 以下的小容量电容器，由于容量小、充电时间快、充电电流小，用万用表的高阻值档也看不出指针摆动，可借助电容表直接测量其容量。

4. 电容器的选用

电容器的种类繁多，性能指标各异，合理选用电容器对产品设计十分重要。

（1）不同的电路应选用不同种类的电容器。在电源滤波、去耦电路中，要选用电解电容器；在高频、高压电路中，应选用瓷介电容器、云母电容器；在谐振电路中，可选用云母、陶瓷电容器和有机薄膜电容器等；用作隔直流时，可选用纸介、涤纶、云母、电解电容器等；用在调谐回路时，可选用空气介质或小型密封可变电容器。

（2）电容器耐压的选择。电容器的额定电压应高于实际工作电压10％～20％，对工作稳定性较差的电路，可留有更大的余量，以确保电容器不被损坏和击穿。

（3）容量的选择。对业余的小制作一般不必考虑电容器的误差。对于振荡、延时电路，电容器容量误差应尽可能小，选择误差应小于5％；对于低频耦合电路的电容器，其误差可大一些，一般10％～20％就能满足要求。

（4）注意电容器的引线形式。可根据实际需要选择焊片引出、接线引出和螺丝引出等，以适应线路的插孔要求。

（5）应考虑的其他因素。电容器在选用时不仅要注意以上几点，有时还要考虑其体积、价格和电容器所处的工作环境（温度、湿度）等情况。

（6）电容器的代用。在选购电容器的时候可能买不到所需要的型号或所需容量的电容器，或在维修时手头有的与所需的不相符合时，可考虑代用。代用的原则是：电容器的容量基本相同；电容器的耐压值不低于原电容器的耐压值；对于旁路电容、耦合电容，可选用比原电容容量大的代用；在高频电路中，代换时一定要考虑频率特性应满足电路的要求。

（7）电容器使用注意事项。

1）使用电容器时应测量其绝缘电阻，其值应该符合使用要求。

2）电容器外形应该完整，引线不应松动。

3）电解电容器极性不能接反。

4）电容器耐压应符合要求，如果耐压不够可采用串联的方法。

5）某些电容器，其外壳有黑点或黑圈的一端，在接入电路时应将该端接低电位或低阻抗的一端（接地）。作电源去耦以及旁路用的电容器，通常应使用两只电容器并联工作，一只先用较大容量的电解电容器，作为低频通路，另选一只小容量的云母或瓷介电容器作为高频通路。

6）温度对电解电容器的漏电流、容量及寿命都有影响，一般的电解电容器只能在50℃以下环境中使用。

7）用于脉冲电路中的电容器，应选用频率特性和耐温性能较好的电容器，一般为涤纶、云母、聚苯乙烯电容器等。

8）可变电容器的动片应良好接地。

9）可变电容器使用日久，动片间会有灰尘，应定期清洁处理。

三、电感器

常见的电感器如附图 3-5 所示。

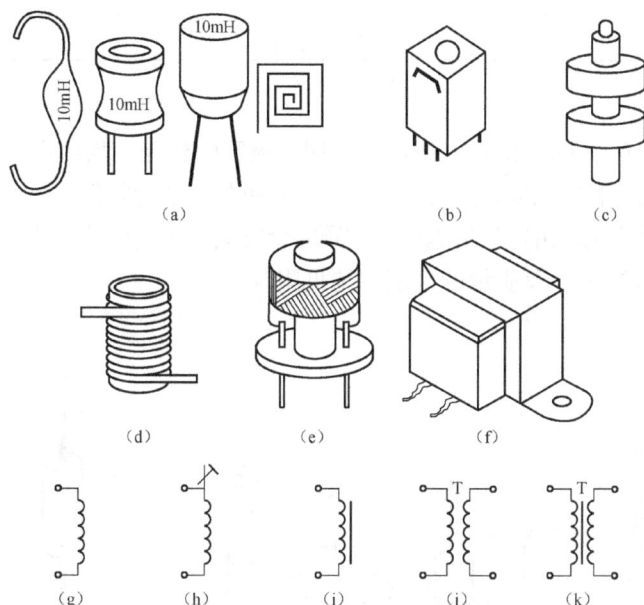

附图 3-5　常见电感器外形及图形符号

(a) 固定电感器；(b) 中频变压器；(c) 高频变压器；(d) 空心电感器；(e) 可调磁芯电感器；(f) 低频变压器；
(g) 电感器图形符号；(h) 带磁芯微调电感器图形符号；(i) 带铁心电感器图形符号；
(j) 空心变压器图形符号；(k) 铁心变压器图形符号

为了表明各种电感器的不同参数，便于在生产、维修时识别和应用，常在小型固定电感器的外壳上涂上标识，其标志方法有直标法、色标法和电感值数码表示方法三种。

（1）直标法。直标法是指在小型固定电感器的外壳上直接用文字标出电感器的主要参数，如电感量、误差值、最大工作电流等。其中，最大工作电流常用字母 A、B、C、D、E 等标注，字母和电流的对应关系如附表 3-6 所列。

例如：电感器外壳上标有 3.9mH、A、II 等字样，则表示其电感量为 3.9mH，误差为 II%（±10%），最大工作电流为 A 档（50mA）。

（2）色标法。色标法是指在电感器的外壳涂上各种不同颜色的环，用来标注其主要参数。

第一条色环表示电感量的第一位有效数字，第二条色环表示第二位有效数字，第三条色环表示倍乘数（即 10^n），第四条表示允许偏差。数字与颜色的对应关系和电阻色标法相同。

例如，某电感器的色环标志分别为：

红红银黑：表示其电感量为 $0.22+20\%\mu H$；

黄紫金银：表示其电感量为 $4.7\pm10\%\mu H$。

（3）数码法。标称电感值采用 3 位数字表示，前 2 位数字表示电感值的有效数字，第 3 位数字表示 0 的个数，小数点用 R 表示，单位为 μH。

例如，222 表示 2200μH，151 表示 150μH，100 表示 10μH，R68 表示 0.68μH。

附表 3 - 6　　　　　　　　　小型固定电感器的工作电流和字母的关系

字　　母	A	B	C	D	E
最大工作电流（mA）	50	150	300	700	1600

四、二极管

常用二极管的外形图如附图 3 - 6 所示。常用二极管的外壳上均印有型号和标记，标记箭头所指的方向为阴极。有的二极管只有一个色点，有色的一端为阴极，有的带定位标志。判别极性时，观察者面对管底，由定位标志起，按顺时针方向，引出线依次为正极和负极，如附图 3 - 7 所示。二极管管脚极性及质量的判别，请见附录七。

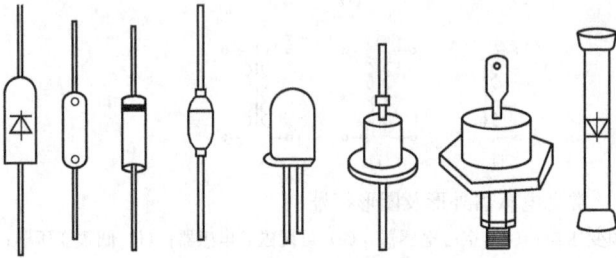

附图 3 - 6　常用二极管的外形图

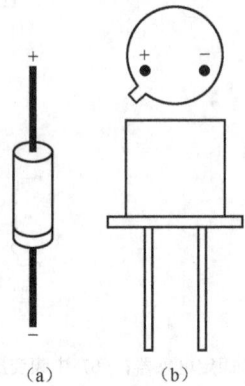

附图 3 - 7　二极管极性识别示意图
（a）轴向引线型；（b）带定位标志型

五、三极管

一般情况下可以根据命名规则从三极管管壳上的符号辨别出它的型号和类型，同时还可以从管壳上的色点的颜色来判断出管子的放大系数 β 值的大致范围，常用色点对 β 值分档如附表 3 - 7 所列。

附表 3 - 7　　　　　　　　　常用色点对 β 值的分档

β	5～15	15～25	25～40	40～55	55～80	80～120	120～180	180～270	270～400	400 以上
色标	棕	红	橙	黄	绿	蓝	紫	灰	白	黑

例如，色标为橙色表明该管的 β 值在 25～40 之间。但有的厂家并非按此规定，使用时要注意。当从管壳上知道它们的类型、型号以及 β 值后，还应进一步判别它们的三个极。三极管管脚极性及质量的判别，请见附录七。

小功率三极管有金属外壳和塑料外壳封装两种。金属外壳封装的三极管如果管壳上带有定位销，那么，将管底朝上，从定位销起，按顺时针方向，三根电极依次为 e、b、c，如果管壳上无定位销，且三根电极在半圆内，将有三根极的半圆置于上方，按顺时针方向三根电极依次为 e、b、c，如附图 3 - 8（a）所示。

对于大功率三极管，外形一般分为 F 型和 G 型两种。F 型管从外形上只能看到两根电极，将管底朝上，两根电极置于左侧，则上为 e，下为 b，底座为 c，如附图 3-9（a）所示。G 型管的三个电极一般在管壳的顶部，将管底朝下，三根电极置于左侧，从最下面电极起，顺时针方向，依次为 e、b、c，如附图 3-9（b）所示。

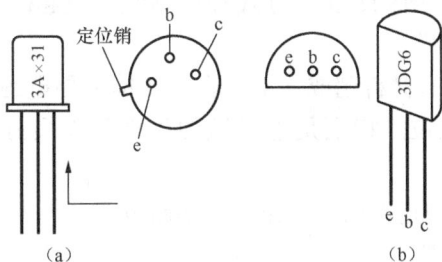

附图 3-8 小功率三极管电极的识别
（a）金属外壳封装；（b）塑料外壳封装

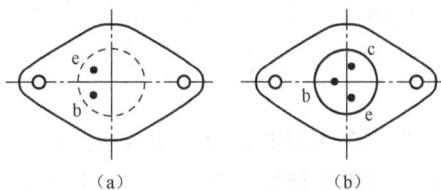

附图 3-9 大功率三极管电极的识别
（a）F 型大功率管；（b）G 型大功率管

三极管的引脚必须正确确认，否则接入电路中不但不能正常工作，还可能烧坏管子。

六、集成电路

常见集成电路的封装形式如附图 3-10 所示。

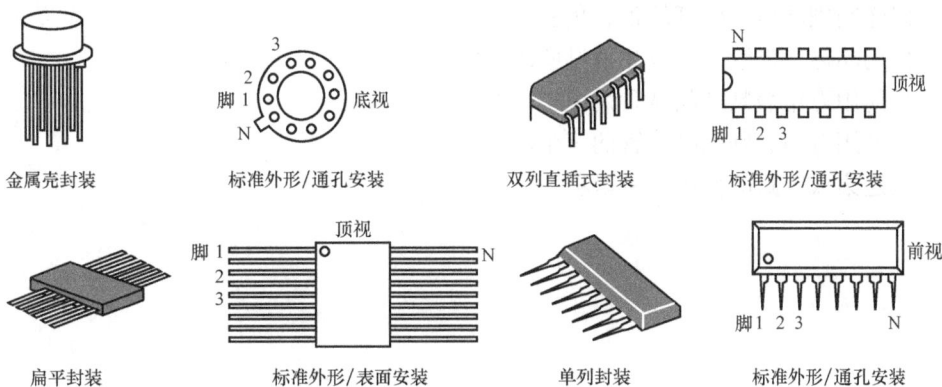

金属壳封装　　　　标准外形/通孔安装　　　　双列直插式封装　　　　标准外形/通孔安装

扁平封装　　　　标准外形/表面安装　　　　单列封装　　　　标准外形/通孔安装

附图 3-10 常见集成电路的封装形式

集成电路的种类五花八门，各种功能的集成电路应有尽有。在选用集成电路时，应根据实际情况，查器件手册，选用功能和参数都符合要求的集成电路。集成电路在使用时，应注意以下几个问题：

（1）集成电路在使用时，不许超过器件手册中规定的参数数值。

（2）集成电路插装时要注意引脚序号方向，不能插错。

（3）扁平型集成电路外引出线成形、焊接时，引脚要与印制电路板平行，不得穿引扭焊，不得从根部弯折。

（4）集成电路焊接时，不得使用大于 45W 的电烙铁，每次焊接的时间不得超过 10s，以免损坏电路或影响电路性能。集成电路引脚间距较小，在焊接时各焊点间的焊锡不能相连，以免造成短路。

（5）CMOS 集成电路有由金属氧化物半导体构成的非常薄的绝缘氧化膜，可由栅极的电压控制源和漏区之间构成导电通路，若加在栅极上的电压过大，栅极的绝缘氧化膜就容易被击穿。一旦发生了绝缘击穿，就不可能再恢复集成电路的性能。

CMOS 集成电路为保护栅极的绝缘氧化膜免遭击穿，虽备有输入保护电路，但这种保护也有限，使用时如不小心，仍会引起绝缘击穿。因此使用时应注意以下几点：

1）焊接时采用漏电小的电烙铁（绝缘电阻在 10MΩ 以上的 A 级电烙铁，或起码 1MΩ 以上的 B 级电烙铁），或焊接时暂时拔掉电烙铁电源。

2）电路操作者的工作服、手套等应由无静电的材料制成。工作台上要铺上导电的金属板，椅子、工夹器具和测量仪器等均应接到地电位。特别是电烙铁的外壳须有良好的接地线。

3）当要在印制电路板上插入或拔出大规模集成电路时，一定要先切断电源。

4）切勿用手触摸大规模集成电路的端子（引脚）。

5）直流电源的接地端子一定要接地。

另外，在存储 CMOS 集成电路时，必须将集成电路放在金属盒内或用金属箱包装起来。

七、思考题

(1) 四环电阻器和五环电阻器的各环代表什么含义？

(2) 怎样判别固定电容器性能的好坏？

(3) 怎样判别电解电容器的极性？

(4) 怎样判别晶体二极管的正、负极？

(5) 使用晶体二极管时，应注意哪些问题？

(6) 如何用万用表判别晶体管是 PNP 型的？

(7) 如何用万用表判别晶体管的三个电极？

(8) 试述集成电路的使用注意事项。

附录四　KHM-3型模拟电路实验装置使用说明

模拟电路实验在KHM-3型模拟电路实验装置上完成。

该装置的控制屏由两块相同的模电功能板组成，如附图4-1所示。其控制屏两侧均装有交流220V的单相三芯电源插座。每块实验功能板上的内容及使用方法如下。

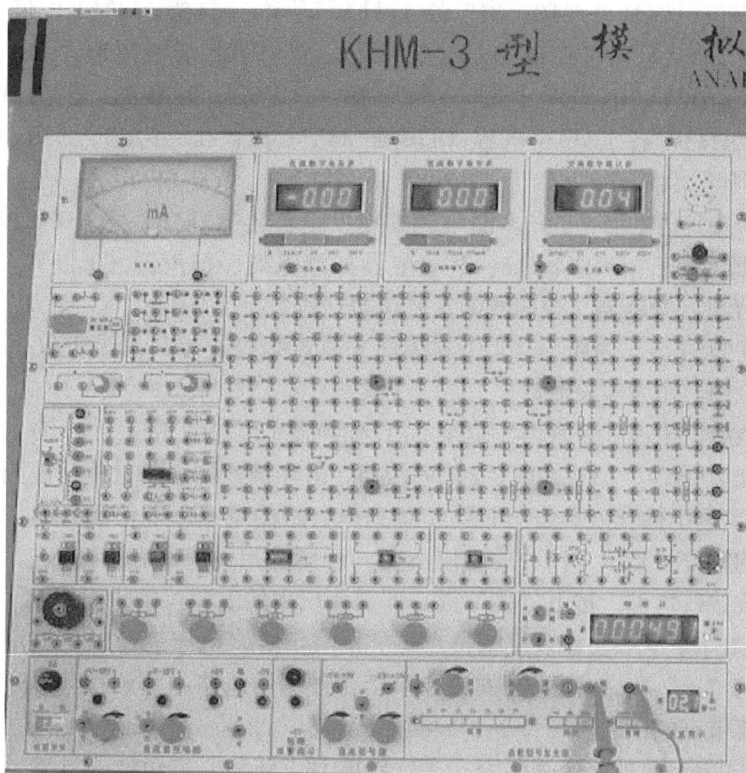

附图4-1　KHM-3型模拟电路实验装置控制屏

（1）一只电源总开关及一只熔断器（1A）作短路保护用。

（2）600多个高可靠的自锁紧式、防转、叠插式插座。

它们与集成电路插座、镀银针管座以及其他固定器件、线路的连线已设计在印刷线路板上。板正面印有黑线条连接的器件，表示反面（即印刷线路板一面）已装上器件并接通。

这类插座，采用高档弹性插件，其插头与插座之间的导电接触面很大，接触电阻极其微小（接触电阻＜0.003Ω，使用寿命＞10000次以上），同时插头与插头之间可以叠插，从而可形成一个立体布线空间，使用起来极为方便。

（3）300多根镀银长（15mm）紫铜针管插座。该插座供实验时接插小型电位器、电阻、电容、三极管及其他电子器件用（它们与相应的锁紧插座已在印刷线路板面连通）。

（4）四路直流稳压电源（±5V、1A及两路0～18V、0.75A可调的直流稳压电源）。开启直流电源处各分开关，±5V输出指示灯亮，表示±5V的插孔处有电压输出；而0～18V两组电源，若输出正常，其相应指示灯的亮度则随输出电压的升高而由暗渐趋明亮。这四路

输出均具有短路软截止自动恢复保护功能，其中+5V 具有短路报警指示功能。两路0～18V
直流稳压电源为连续可调的电源，若将两路 0～18V 电源串联，并令公共点接地，可获得
0～±18V 的可调电源；若串联后令一端接地，可获得 0～36V 可调电源。用户可用控制屏上
的数字直流电压表测试稳压电源的输出及其调节性能。

　　(5) 高性能双列直插式圆脚集成电路插座 3 只：14P 1 只，8P 2 只。

　　(6) 各种电子元器件。板的反面都已装接着与正面丝印相对应的电子元器件，包括三端
集成稳压块（7805、7812、7912、317 各 1 只），晶体三极管（9013 2 只、3DG6 3 只、
9012、8050 各 1 只），单向可控硅（2P4M 2 只）、双向可控硅（BCR 1 只）、单结晶体管
（BT33 1 只），二极管（IN4007 4 只），稳压管（2CW54、2DW231 各 1 只），功率电阻
（120Ω/8W、240Ω/8W 各 1 只），电容（470μF/35V 4 只、100μF/25V 2 只、220μF/25V 2
只），整流桥堆等元器件。

　　(7) 电位器及其他电器：3 只多圈可调的精密电位器（1kΩ 2 只、10kΩ 1 只）、3 只碳
膜电位器（100kΩ 2 只、1MΩ 1 只）、其他电器如继电器、扬声器（0.25W，8Ω）、12V 信
号灯、LED 发光管、蜂鸣器、振荡线圈及复位按钮等。

　　(8) 满刻度为 1mA、内阻为 100Ω 的镜面式直流毫安表 1 只。该表仅供"多用表的设
计、改装"实验用，作为实验器件。

　　(9) 直流数字电压表。该表由三位半 A/D 变换器 LIC7107 和 4 个 LED 共阳极红色数码
管等组成，量程 200mV、2V、20V、200V 四档，由琴键开关切换量程。被测电压信号应并
接在"＋""－"两个插孔处。使用时要注意选择合适的量程。本仪器有超量程指示，超量
程时，显示器的首位将显示"1"，后三位不亮。若显示为负值，表明输入信号极性接反了，
改换接线或不改接线均可。按下"关"键，即关闭仪表的电源，停止工作。

　　(10) 直流数字毫安表。该表结构特点均类同直流数字电压表，只是这里的测量对象是
电流，即仪表的"＋""－"两个输入端应串接在被测的电路中，量程分 2、20、200mA 三
档，其余同直流数字电压表。

　　(11) 数字式真有效值交流毫伏表。本仪器能对正弦波、三角波、方波等信号的有效值
进行精确测量。

主要技术特性：

1）测压范围：100μV～600V（有效值），分五个量程：

第一量程：100μV～200mV；

第二量程：200mV～2V；

第三量程：2～20V；

第四量程：20～200V；

第五量程：200～600V。

2）测频范围：10Hz～1.5MHz。

3）测量误差（以 1kHz 为基准）：±0.5％读数值±2 个字。

4）分辨率：0.1mV。

5）噪声：输入端短路时不大于 1 个字。

6）输入阻抗：约 100kΩ±10％。

先将量程开关置于 600V 量程上，然后接通电源，经数秒后即有稳定的数字显示，预热

10min 即开始测试。

（12）直流信号源。它可提供两路－5～＋5V 可调的直流信号。只要开启直流信号源处分开关（置于"开"）就有两路相应的－5～＋5V 直流可调信号输出。

因直流信号源的电源是由该实验板上的±5V 直流稳压电源提供的，故在开启直流信号源处开关前必须先开启±5V 直流稳压电源处的开关，否则就没有直流信号输出。

（13）函数信号发生器。

该信号发生器由单片集成函数信号发生器 MAX038 及外围电路，数字电压指示及功率放大电路等组合而成。其输出频率范围为 2Hz～2MHz，输出幅度峰峰值为 0～16V，由开关控制。

使用时只要开启"函数信号发生器"处开关，信号源即进入工作状态。

两个电位器旋钮用于输出信号的"幅度调节"（右）和"频率调节"（左）。该信号发生器可输出正弦波、方波、三角波共三种波形，由琴键开关切换选择。

输出频率分七个频段选择，其中 $f_1 = 2\text{Hz}$，$f_2 = 20\text{Hz}$，$f_3 = 200\text{Hz}$，$f_4 = 2\text{kHz}$，$f_5 = 20\text{kHz}$，$f_6 = 200\text{kHz}$，$f_7 = 2\text{MHz}$。

输出幅值：

正弦波：最大输出幅值 16V。

最小输出幅值：峰峰值 5mV。

三角波、方波（1MHz 以下）：输出幅值峰峰值 10V 以上。

负载电阻为 50Ω 时，输出幅值为开路输出值的一半。

该信号发生器还设有三位 LED 数码管显示输出幅值（峰峰值）。

输出衰减分 0、20、40、60dB 四档，由两个"衰减"按键选择。具体选择方法如下：

20dB 按键	40dB 按键	衰减值（dB）
弹起	弹起	0
按下	弹起	20
弹起	按下	40
按下	按下	60（建议三角波、方波信号不使用此档）

输出阻抗：50Ω。

（14）六位数显频率计。

该频率计的测量范围为 1Hz～2MHz，有六位共阴极 LED 数码管予以显示，闸门时基 1s，灵敏度 35mV（1～500kHz）/100mV（500kHz～2MHz），测频精度为万分之二（2MHz）。

先开启电源开关，再开启频率计处分开关，频率计即进入待测状态。

将频率计处开关（内测/外测）置于"内测"，即可测量"函数信号发生器"本身的信号输出频率；将开关置于"外测"，则频率计显示由"输入"插口输入的被测信号的频率。

（15）由单独一只降压变压器为实验提供低压交流电源。

在"AC50Hz 交流电源"的锁紧插座处输出所需的 6、10、14V 及两路 17V 低压交流电源。只要开启交流电源处总开关，就可输出相应的电压值。

（16）可装、卸固定线路实验小板的固定插座。该插座共 4 只。

（17）实验线路板右侧设置了 4 处互相连接的地线插孔。

附录五　UTD2000L 数字示波器使用说明

　　本附录是操作 UTD2000L 数字示波器必须掌握的内容，包括示波器面板和显示界面、垂直控制系统、水平控制系统、触发控制系统、常用菜单"MENU"等的介绍以及使用实例。

一、示波器面板和显示界面

　　UTD2000L 数字示波器的前面板如附图 5-1 所示。前面板上装有各种旋钮和功能按键，这些旋钮和功能按键分别属于垂直控制区、水平控制区、触发控制区、常用菜单控制区、运行控制区等。旋钮的功能与其他示波器类似，用以进行基本的操作。各功能按键的功能及使用方法在下面几部分内容中进行介绍，通过它们可以进入不同的功能菜单或获得特定的功能应用。显示屏右侧的一列 5 个按键为菜单键（自上而下定义为 F1 至 F5），通过它们可以设置当前菜单的不同选项。

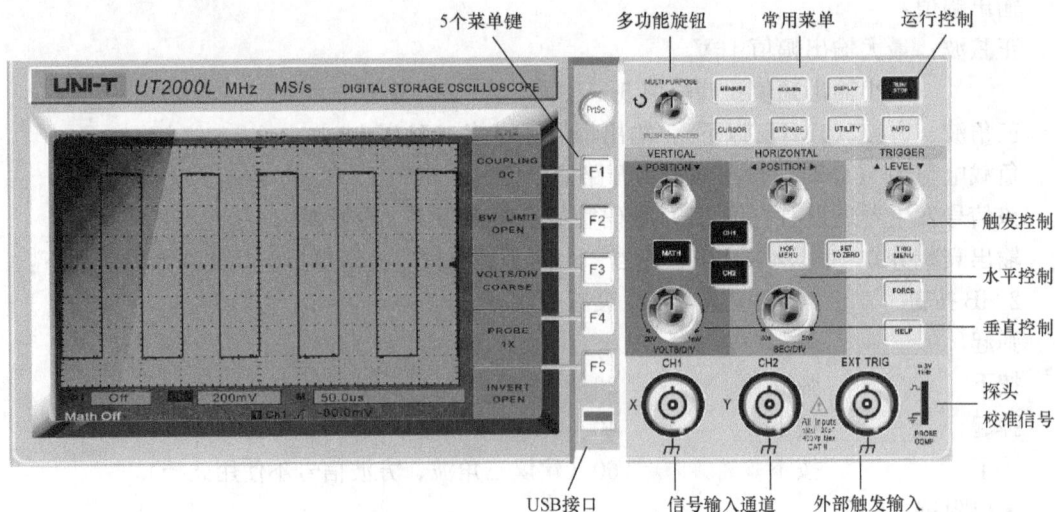

附图 5-1　UTD2000L 示波器的前面板

　　显示界面说明图如附图 5-2 所示。

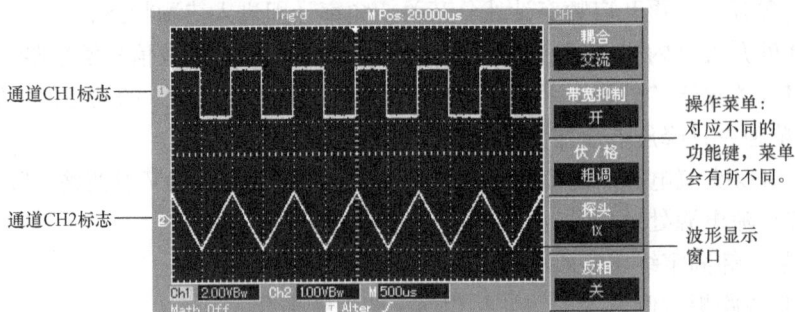

附图 5-2　显示界面说明图

二、垂直控制系统

垂直控制区如附图5-3所示。在垂直控制区（VERTICAL）有一系列的按键和旋钮。

（1）使用垂直位置旋钮使波形在窗口中居中显示信号。垂直位置旋钮控制信号的垂直显示位置。当旋动垂直位置旋钮时，指示通道地（GROUND）的标识跟随波形上下移动。

（2）改变垂直设置，并观察状态信息变化。可以通过波形窗口下方的状态栏显示的信息，确定任何垂直挡位的变化。旋动垂直标度旋钮改变"V/div"垂直挡位，可以发现状态栏对应通道的挡位显示发生了相应的变化。按功能键"CH1"、"CH2"、"MATH"，屏幕显示对应通道的操作菜单、标志、波形和挡位状态信息。欲打开或选择某一通道时，只需按下相应的通道按键，按键亮说明该通道已被激活，再按则关闭该通道，此时按键灯灭说明该通道被关闭。

附表5-1是按下"CH1"或"CH2"功能键后，系统显示的CH1或CH2通道的操作菜单的内容及说明。菜单中各项目的选择，通过按下附图5-1所示的5个菜单键或多功能旋钮进行。

按下"MATH"数学运算功能键可显示CH1、CH2通道波形相加、相乘以及FFT运算的结果。数学运算的结果可通过栅格或游标进行测量。

附图5-3　垂直控制区

附表5-1　　　　　　　　　　　　　通道（CH1或CH2）设置菜单

功能菜单	设定	说　　明
耦合	交流 直流 接地	阻挡输入信号的直流成分 通过输入信号的交流和直流成分 断开输入信号
带宽限制	打开 关闭	限制带宽至20MHz，以减少显示噪声 满带宽
伏/格	粗调 细调	粗调按1—2—5进制设定垂直偏转系数。微调则在粗调设置范围之间进一步细分，以改善垂直分辨率
探头	1× 10×	根据探头衰减系数选取其中一个值，以保持垂直偏转系数的读数正确，共有1×、10×、100×、1000×四种
反相	开 关	打开波形反向功能 波形正常显示

三、水平控制系统

附图5-4所示为水平控制区（HORIZONTAL），有两个旋钮、一个按键。

水平控制系统设置可改变仪器的水平刻度、主时基或延迟扫描时基，调整触发在内存中的水平位置及通道波形的水平位置，也可显示仪器的采样率。

（1）使用水平SCALE旋钮改变水平时基挡位设置，并观察状态信息变化。转动水平SCALE旋钮改变"s/div"时基挡位，可以发现状态栏对应通道的时基挡位显示发生了相应的变化。水平扫描速率为5ns~50s，以1　2　5方式步进。

附图 5-4　水平控制区

（2）使用水平 POSITION 旋钮调整信号在波形窗口的水平位置。水平 POSITION 旋钮控制信号的触发移位。当应用于触发移位时，转动水平 POSITION 旋钮时，可以观察到波形水平移动。

（3）按"HORI MENU"按键，显示 Zoom 菜单。在此菜单下，按"F3"可以开启视窗扩展，再按"F1"可以关闭视窗扩展而回到主时基，如附图 5-5 所示。在这个菜单下，还可以设置触发释抑时间。

在扩展时基下，分上下两个显示区域，上半部分显示的是原波形，可通过转动水平 POSITION 旋钮左右移动，或转动水平 SCALE 旋钮扩大和减小选择区域。

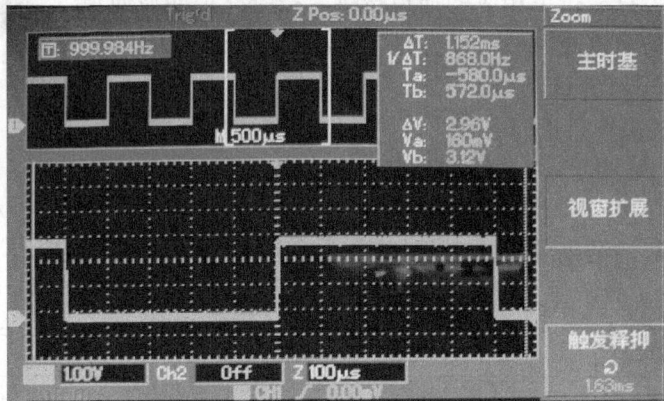

附图 5-5　视窗扩展下的屏幕显示

下半部分是选定的波形区域，经过水平扩展的波形，扩展时基相当于主时基提高了分辨率。由于下半部分显示的波形对应于上半部分选定的区域，故转动水平 SCALE 旋钮减小选择区域可以提高扩展时基，提高波形的水平扩展倍数。水平控制系统的操作菜单说明见附表 5-2。

附表 5-2　　　　　　　　　　　　水平 MENU 菜单设置

功能菜单	设定	说　　明
主时基	—	1. 打开主时基 2. 如果在视窗扩展被打开后，按主时基则关闭视窗扩展
视窗扩展	—	打开扩展时基
触发释抑		调节释抑时间

[名词解译]

Y-T 方式：此方式下 Y 轴表示电压量，X 轴表示时间量。

X-Y 方式：此方式下 X 轴表示 CH1 电压量，Y 轴表示 CH2 电压量。

慢扫描模式：当水平时基控制设定在 100ms/div 或更慢，仪器进入慢扫描采样方式。应用慢扫描模式观察低频信号时，建议将通道耦合设置成直流。

s/div：水平刻度（时基）单位，如波形采样被停止（使用"RUN/STOP"键），时基控制可扩张或压缩波形。

视窗扩展：视窗扩展用来放大一段波形，以便查看图像细节。视窗扩展的设定不能慢于主时基的设定。

在水平控制系统设置过程中，各参数的当前状态在屏幕中会被标记出来，方便用户观察和判断，如附图5-6所示。各标志说明如下：

①代表当前的波形视窗在内存中的位置。

②触发点在内存中的位置。

③触发点在当前波形视窗中的位置。

④水平时基（主时基）显示，即"s/div"。

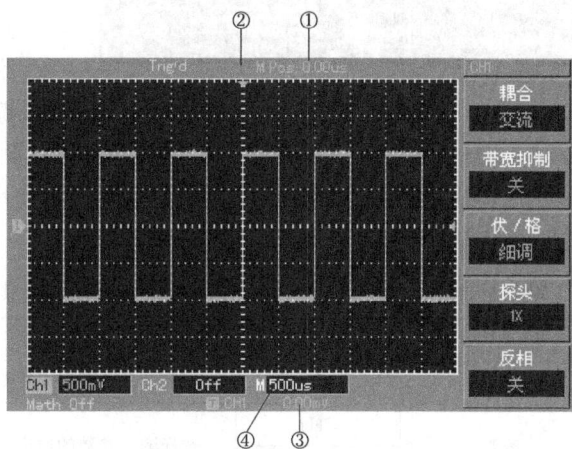

附图5-6　各参数的当前状态

四、触发控制系统

触发决定了示波器何时开始采集数据和显示波形，一旦触发被正确设定，它可以将不稳定的显示转换成有意义的波形。

数字示波器在开始采集数据时，先收集足够的数据用来在触发点的左方画出波形，在等待触发条件发生的同时连续采集数据，当检测到触发后，示波器连续地采集足够的数据以在触发点的右方画出波形。

（1）触发控制区（TRIGGER）有一个旋钮、三个按键，如附图5-7所示。

（2）使用"TRIG MENU"，出现如附图5-8所示触发菜单，以改变触发设置。

按"F1"键，选择"边沿"触发。

按"F2"键，选择"触发源"为CH1。

按"F3"键，设置"边沿类型"为上升。

按"F4"键，设置"触发方式"为自动。

附图5-7　触发控制区

附图5-8　触发菜单

按"F5"键，设置"触发耦合"为直流。

（3）按"FORCE"按键：强制产生一触发信号，主要应用于触发方式中的正常和单次模式。

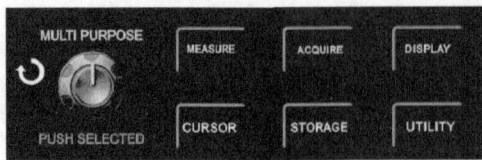

附图 5-9　菜单控制区

五、常用菜单控制区设置

常用菜单控制区的几个按键如附图 5-9 所示。

1. 自动测量"MEASURE"按键

附图 5-9 中"MEASURE"为自动测量功能按键。按下该按键，屏幕显示 5 个测量值的显示区域，用户可按 F1~F5 中的任一键，则屏幕进入测量选择菜单，如附表 5-3 所示。附图 5-10 即该示波器前面板右下角所提供校准信号的 28 种自动测量的波形参数，包括 11 种电压参数和 8 种时间参数。

附表 5-3   测 量 功 能 菜 单

功能菜单	设定	说　　明
返回		返回到参数测量显示菜单
信源	CH1	选择测量参数的通道
	CH2	
电压类		进入电压类的参数菜单
时间类		进入时间类的参数菜单
所有参数		显示/关闭所有测量参数

（1）电压参数的自动测量。

UTD2000L 可以自动测量的电压参数包括：

峰峰值（U_{pp}）：波形最高点至最低点的电压值。

最大值（U_{max}）：波形最高点至 GND（地）的电压值。

最小值（U_{min}）：波形最低点至 GND（地）的电压值。

幅值（U_{amp}）：波形顶端至底端的电压值。

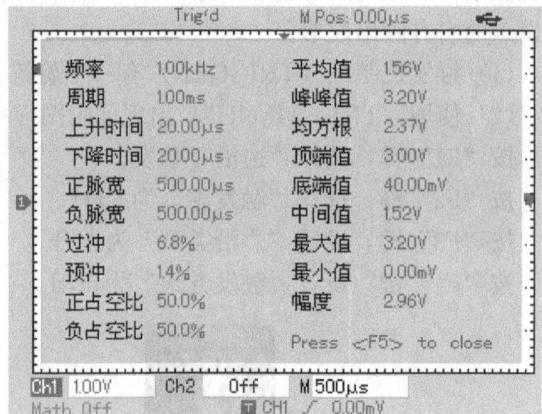

附图 5-10　菜单控制区

中间值（U_{mid}）：幅度值的一半。

顶端值（U_{top}）：波形平顶至 GND（地）的电压值。

底端值（U_{base}）：波形底端至 GND（地）的电压值。

过冲（Overshoot）：波形最大值与顶端值之差与幅值的比值。

预冲（Preshoot）：波形最小值与底端值之差与幅值的比值。

平均值（Average）：1 个周期内信号的平均幅值。

均方根值（U_{rms}）：依据交流信号在 1 周期时所换算产生的能量，对应于产生等值能量的直流电压，即有效值。

（2）时间参数的自动测量。

UTD2000L 可以自动测量信号的频率、周期、上升时间、下降时间、正脉宽、负脉宽、延迟1→2（上升沿）、延迟1→2（下降沿）、正占空比、负占空比等10种时间参数的自动测量。这些时间参数的定义是：

上升时间（RiseTime）：波形幅值从10％上升至90％所经历的时间。

下降时间（FallTime）：波形幅值从90％下降至10％所经历的时间。

正脉宽（＋Width）：正脉冲在50％幅值时的脉冲宽度。

负脉宽（－Width）：负脉冲在50％幅值时的脉冲宽度。

延迟1→2（上升沿）：CH1到CH2上升沿的延迟时间。

延迟1→2（下降沿）：CH1到CH2下降沿的延迟时间。

正占空比（＋Duty）：正脉宽与周期的比值。

负占空比（－Duty）：负脉宽与周期的比值。

2. 光标测量"CURSOR"按键

附图5-9中"CURSOR"为光标测量功能按键。用户按"CURSOR"按键可以移动光标进行测量，有电压、时间和跟踪三种模式。当测量电压时，按面板上的"PUSH SE-LECTED"和"F2"键，以及多用途旋钮控制器，分别调整两个光标的位置和改变光标移动快慢，即可测量ΔU。同理，如果选择时间，可测量ΔT。在跟踪方式下，并且有波形显示时，可以看到数字存储示波器的光标会自动跟踪信号变化。

3. 设置采样系统

附图5-9中"ACQUIRE"为采样系统的功能按键。按下该按键，弹出如附表5-4所示的采样设置菜单，通过菜单键可调整波形采样方式。

附表5-4　　　　　　　　　　　采样功能设置菜单

功能菜单	设定	说　　明
获取方式	采样 峰值检测 平均	打开普通采样方式 打开峰值检测方式 设置平均采样方式并显示平均次数
平均次数	2～256	设置平均次数，以2的倍数步进：2、4、8、16、32、64、128、256。改变平均次数通过多用途旋钮选择
采样方式	实时 等效	设置采样方式为实时采样 设置采样方式为等效采样

选取不同的获取方式和采样方式，可得到不同的波形显示效果：

（1）观察单次信号请选用实时采样方式。

（2）观察高频周期性信号请选用等效采样方式。

（3）希望观察信号的包络避免混淆，请选用峰值检测方式。期望减少所显示信号中的随机噪声，请选用平均采样方式，且平均值的次数可以以2的倍数步进，从2～256设置平均次数选择。

4. 设置显示系统

附图5-9中"DISPLAY"为显示系统的功能按键。按下该按键，弹出如附表5-5所示的显示系统设置菜单，通过菜单键可调整波形的显示方式。

附表 5 - 5　　　　　　　　　　显 示 系 统 设 置 菜 单

功能菜单	设定	说　明
显示类型	矢量 点	采样点之间通过连线的方式显示 直接显示采样点
清除显示		清除所有先前采集的显示
波形保持	关闭 无限	记录点以高刷新率变化 记录点一直保持，直到关闭波形保持
波形亮度		设置波形亮度，可调范围为 0%～100%
屏幕网络		打开/关闭背景网络，坐标
网格亮度		设置网格亮度，可调范围为 0%～100%
菜单保持	1～20s	设置菜单隐藏时间

5. 存储与调出

附图 5 - 9 中"STORAGE"为存储功能按键。使用"STORAGE"按键显示存储设置菜单，可将示波器的波形或设置状态保存到内部存储区，并能通过 RefA（或 RefB）从其中调出所保存的波形，或通过"STORAGE"按键调出设置状态；在 U 盘插入时，可将示波器的波形显示区以位图的格式存储到 U 盘的 UTD2000L 目录下。通过 PC 机可读出所保存的位图。

操作步骤：

按"STORAGE"按键，显示 Zoom 菜单。在此菜单下，按"F1"进入类型菜单，有波形、设置和位图三种类型。

（1）选择波形进入波形存储菜单，见附表 5 - 6、附表 5 - 7。

波形保存完后请用波形存储中的回调功能调出已经存储的波形。

附表 5 - 6　　　　　　　　　波形存储菜单（第一页）

功能菜单	设定	说　明
类型	波形	选择波形保存和调出菜单
信源	CH1 CH2	选择波形来自 CH1 通道 选择波形来自 CH2 通道
存储位置	1～20 1～200	设置波形在内部存储区的存储位置，通过多用途旋钮选择 设置波形在 U 盘上的存储位置（只有插入 U 盘并把磁盘菜单选择为"USB"时才能使用此功能）
保存	—	存储波形
下一页 1/2	—	进入下一页

附表 5 - 7　　　　　　　　　波形存储菜单（第二页）

功能菜单	设定	说　明
磁盘	DSO USB	选择数字存储示波器内部存储器 选择外部 U 盘（只有在插入 U 盘后才能使用该功能）

续表

功能菜单	设定	说　明
存储深度	普通 长存储	设置存储深度为普通 设置存储深度为长存储（只有在插入 U 盘后才能激活该功能；数据存储至 U 盘时，只能使用 UTD2000L 系列计算机测控软件波形装载功能调用）
回调	—	调出波形
上一页 2/2	—	返回上一页

（2）选择设置进入设置存储菜单，见附表 5-8。

附表 5-8　　　　　　　　　设 置 存 储 菜 单

功能菜单	设定	说　明
设置		选择面板设置菜单
设置 （存储位置）	1～20 1～200	可保存 20 组面板操作设置，由前面板上部的多用途旋钮选择 设置波形在 U 盘上的存储位置（只有插入 U 盘并把磁盘菜单选择为"USB"时才能使用此功能）
保存		保存设置
回调		调出设置

（3）选择位图进入位图存储菜单，见附表 5-9。该项功能只有在插入 U 盘后才能调出使用。

附表 5-9　　　　　　　　　位 图 存 储 菜 单

功能菜单	设定	说　明
位图		选择位图菜单
存储位置	1～200	可保存 200 个位图数据，由前面板上部的多用途旋钮选择（只能保存在 USB 中）
保存		保存位图数据

6. 设置辅助系统

附图 5-9 所示"UTILITY"按键为辅助系统功能按键。使用"UTILITY"按键弹出辅助系统功能设置菜单，如附表 5-10 和附表 5-11 所示。

附表 5-10　　　　　　　　辅助系统功能设置菜单（第一页）

功能菜单	设定	说　明
自校正	执行 取消	执行自校正操作 取消自校正操作，并返回上一页
波形录制		设置波形录制操作
语言	简体中文 繁体中文 English	选择界面语言
下一页 1/3	—	进入下一页

附表 5 - 11　　　　　　　　辅助系统功能设置菜单（第二、三页）

功能菜单	设定	说　　明
出厂设置		设置调出厂设置
界面风格	风格（1、2、3、4）	设置数字存储示波器的界面风格
网格亮度（彩色）	1%～100%	调节屏的网格亮度，通过多用途旋钮调节
下一页 2/3	—	进入下一页
系统信息	—	显示当前示波器系统信息
频率计	打开 关闭	打开触发频率计 关闭触发频率计
第一页 3/3	—	返回第一页

六、使用执行按键

执行按键包括"AUTO"和"RUN/STOP"。

（1）"AUTO"按键：自动设定仪器各项控制值，以产生适宜观察的波形显示。按下"AUTO"键后，显示如附表 5 - 12 所示的自动设置菜单。

附表 5 - 12　　　　　　　　　　自　动　设　置　菜　单

功能	设　　置	功能	设　　置
获取方式	采样	触发模式	自动
显示格式	设置为 YT	触发源	设置为 CH1，但如果 CH1 无信号，CH2 施加信号时，则设置到 CH2
水平位置	自动调整		
s/div	根据信号频率调整	触发斜率	上升
触发耦合	交流	触发类型	边沿
触发释抑	最小值	垂直带宽	全部
触发电平	设为 50%	V/div	根据信号幅值调整

（2）"RUN/STOP"（运行/停止）按键：运行/停止波形采样。在停止的状态下，对于波形垂直档位和水平时基可以在一定的范围内调整，相当于对信号进行水平或垂直方向上的扩展。

七、使用实例

[附例 1]　观测电路中一未知信号，迅速显示和测量信号的频率和峰峰值。

解　（1）欲迅速显示该信号，按如下步骤操作：

1）将探头菜单衰减系数设定为 10×，设定方法：按"CH1"按键，屏幕右侧出现附图 5 - 11 所示的菜单，连续按"F4"直至出现"10×"；并将探头上的衰减倍率设定为 10×，如附图 5 - 12 所示。

2）将 CH1 的探头连接到电路被测点。

附图 5 - 11 探头菜单

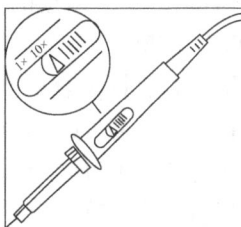

附图 5 - 12 探头衰减倍率

3）按下"AUTO"按键。

数字存储示波器将自动设置使波形显示达到最佳。在此基础上，可以进一步调节垂直、水平挡位，直至波形的显示符合要求。

（2）自动测量信号的电压和时间参数：

数字存储示波器可对大多数显示信号进行自动测量。欲测量信号频率和峰峰值，按如下步骤操作：

1）按"MEASURE"按键，以显示自动测量菜单。

2）按下"F1"，进入测量菜单种类选择。

3）按下"F3"，选择电压类。

4）按下"F5"翻至 2/4 页，再按"F3"选择测量类型：峰峰值。

5）按下"F2"，进入测量菜单种类选择，再按"F4"选择时间类。

6）按"F2"即可选择测量类型：频率。

此时，峰峰值和频率的测量值分别显示在"F1"和"F2"的位置，如附图 5 - 13 所示。

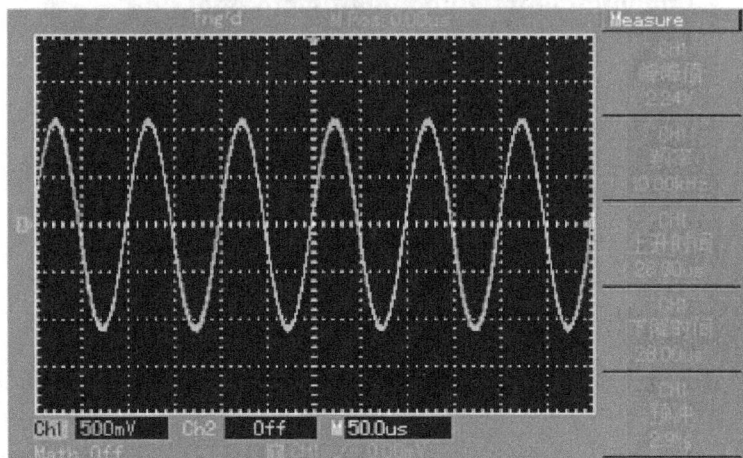

附图 5 - 13 自动测量

[附例 2]　如何观察正弦波信号通过电路产生的延时？

解　与［附例 1］相同，设置探头和数字存储示波器通道的探头衰减系数为 10×，将数字存储示波器 CH1 通道与电路信号输入端相接，CH2 通道则与输出端相接。

操作步骤：

（1）显示 CH1 通道和 CH2 通道的信号：

1）按下"AUTO"按键。

2）继续调整水平、垂直挡位直至波形显示满足测试要求。

3）按"CH1"按键选择 CH1，旋转垂直位置旋钮，调整 CH1 波形的垂直位置。

4）按"CH2"按键选择 CH2，旋转垂直位置旋钮，调整 CH2 波形的垂直位置。使通道 CH1、CH2 的波形既不重叠在一起，又利于观察比较。

（2）测量正弦信号通过电路后产生的延时，并观察波形的变化。

1）自动测量通道延时：

按"MEASURE"按键以显示自动测量菜单。

按"F1"键，进入测量菜单种类选择。

按"F4"键，进入时间类测量参数列表。

按两次"F5"键，进入 3/3 页。

按"F2"键，选择延迟测量。

按"F1"键，选择从 CH1，再按下"F2"键，选择到 CH2，然后按"F5"确定键。

此时可以在"F1"区域的"CH1-CH2 延迟"下看到延迟值。

2）观察波形的变化（见附图 5 - 14）。

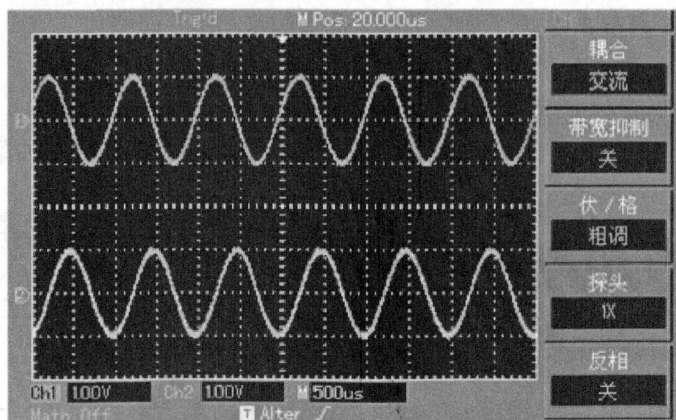

附图 5 - 14　波形延时

[附例 3]　如何使用 U 盘升级程序？

解　使用 U 盘升级程序，使用户升级程序时更方便，更灵活。若使用此功能按如下步骤操作：

（1）从网上下载需要更新的程序文件，并且存放在 U 盘上（建议使用推荐的 U 盘）

（2）关闭示波器，然后插入 U 盘，再打开示波器。

（3）如果 U 盘只存在一个程序文件，则会转到确认是否更新的界面，再按"F5"进行更新，如按"F1"则为退出更新程序操作。

　　如果 U 盘上存在两个或两个以上的程序文件会出现选择文件的界面，可通过多用途旋钮选择需要更新的程序文件，然后按"F5"进行确认（如按"F1"则为退出更新程序操作），此时会转到确认是否更新的界面，再按"F5"进行更新。

　　等待更新完会出现更新成功的提示，此时请关闭示波器，再打开示波器则更新程序完成。

附录六　THDL-1型数字逻辑实验箱使用说明

THDL-1型数字逻辑实验箱主要是由一大块单面印制线路板制成，其正面印有清晰的图形线条、字符，使其功能一目了然。板上设有可靠的各集成块插座等几百个元器件，实验连接线采用高可靠、高性能的高档弹性插件；板上还装有脉冲源、直流电源、五功能逻辑笔、多功能智能测试仪以及控制、显示部件等，如附图6-1所示。

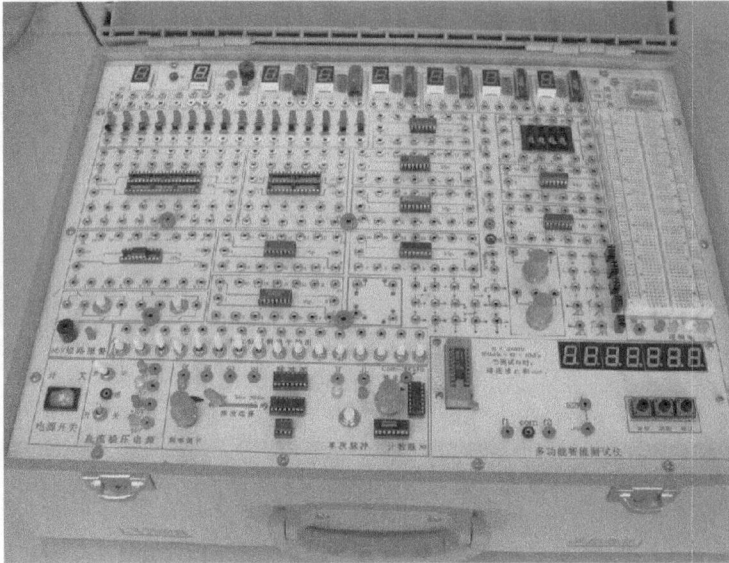

附图6-1　THDL-1型数字逻辑实验箱

1. 实验箱的供电

实验箱的后方设有带保险丝管（0.5A）的220V单相三芯电源插座（配有三芯插头电源线一根）。箱内设有一只降压变压器，供直流稳压电源用。

2. 单面敷铜印制线路板

一块大型（430mm×320mm）单面敷铜印制线路板的正面丝印有清晰的各部件、元器件的图形符号、线条和字符、反面则是其相应的印刷线路板图。该板上包含以下内容：

（1）正面左下方装有船形带灯电源总开关及电源显示灯各一只。

（2）高性能双列直插式圆脚集成电路插座11只（其中40P 1只、28P 1只、20P 1只、16P 5只、14P 3只）。

（3）400多个高可靠的锁紧式、防转、叠插式插座。它们与集成电路插座、镀银针管座以及其他固定器件之间的连线已设计在印刷线路板上（线路等已在印制面连接好）。正面板上有黑线条连接的地方，表示反面（即印制线路板面）已接好。

这类插件采用直插弹性结构，其插头与插座的导电接触面很大，接触电阻极其微小（接触电阻≤0.03Ω，使用寿命>10000次以上），插头与插头之间可以叠插，从而可形成一个立体布线空间，使用极为方便。

（4）90多根镀银长（15mm）紫铜针管插座，供实验时接插小型电位器、电阻、电容等分立元件之用（它们与相应的锁紧插座已在印刷线路板面连通）。

（5）2只无译码LED数码管（共阴、共阳各1只）。8个显示段的管脚均已与相应的锁紧插座相连。

（6）6位十六进制七段译码器与LED数码显示器。

每一位译码器均采用可编程器件GAL设计而成，具有十六进制全译码功能。显示器采用LED共阴极绿色数码管（与译码器在反面已连接好），可显示四位BCD码十六进制的全译码代号：0、1、2、3、4、5、6、7、8、9、A、B、C、D、E、F。

使用时，只要用紧锁线将+5V电源接入电源插孔，"+5V"处即可工作，在没有BCD码输入时六位译码器均显示"F"。

（7）4位BCD码进制拨码开关组。每一位显示窗指示出0～9中的一个十进制数字，在A、B、C、D 4个输出插口处输出相应BCD码。每按动一次"+"或"-"键，将顺序地进行加1计数或减1计数。

（8）16个LED发光二极管显示器及其电平输入插口。开启+5V电源，当输入口接高电平时，所对应的LED发光二极管点亮，输入口接低电平时，则熄灭。

（9）16个逻辑开关及相应的开关电平输出口。提供16只小型单刀双掷开关及与之对应的开关电平输出插口，当开关向上拨（即拨向"高"）时，与之相对应的输出插孔输出高电平；当开关向下拨（即拨向"低"）时，相对应的输出为低电平。

使用时，只要开启电源总开关，便能正常工作。

（10）直流稳压电源。它提供±5V、0.5A和±15V、0.5A直流稳压电源4路，均有短路自恢复功能，其中+5V电源具有短路报警、指示功能。有相应的电源输出插座及相应的LED发光二极管指示。只要开启电源总开关，就有相应的电源输出。

实验板上标有"+5V"处，是指实验时须用导线将直流电源+5V引入该处，是+5V电源的输入插口。

（11）脉冲信号源：

1）提供正、负输出单次脉冲一组。

2）输出4路BCD码的基频、二分频、四分频、八分频，基频输出频率分1Hz、1kHz、20kHz档粗调，每档附近又可进行细调。

3）频率连续可调的计数脉冲信号源。本信号源能在很宽的频率范围内（0.5Hz～300kHz）调节输出频率，可用作低频计数脉冲源；在中间一段较宽的频率范围，则可用作连续可调的方波激励源。

（12）五功能逻辑笔。这是一支新型的逻辑笔，用可编程逻辑器件GAL设计而成，具有显示五种功能的特点。只要开启电源总开关，用锁紧线从逻辑笔口接出，锁紧线的另一端可视为逻辑笔的笔尖。当笔尖点在电路中的某个测试点，面板上的4个指示灯即可显示出该点的逻辑状态：高电平（"HL"）、低电平（"LL"）、中间电平（"ML"）和高阻态（"HR"）；若该点有脉冲信号输出，则4个指示灯将同时点亮。故该笔有五功能逻辑笔之称，亦可称为"智能型逻辑笔"。

（13）多功能智能型测试仪。本测试仪是用单片机开发而成的智能化仪器，主要功能如下：①能高速破译集成电路芯片型号。②可自动列出相同的其他可代用的芯片型号。③可对集成电路进行动态老化和可靠性检测。集成芯片测试范围为74/54LS系列、74/54HC/

HCT/C 系列、CMOS40XX 系列，COMS45XX 系列及部分常用模拟集成电路，全部种类达548 种，几乎覆盖所有常用的数字集成电路。④智能化频率测量，频率测量范围 1Hz～5MHz。⑤周期测量，周期测量范围为 $2\mu s～5s$，测量精度为 $\pm 1\mu s$。⑥用作计数器，对脉冲信号进行计数。

本测试仪的显示器采用七位共阴极绿色 LED 数码管。其使用方法为：将＋5V 电源接到测试仪的电源插口处（即按实验板上虚线所示用连接线将＋5V 插口与＋5V 插口连接起来），显示器应显示"PC"，当按"RST"键后，也显示"PC"，表示已进入了测试初始状态。

1）在显示"PC"状态下，按一下"ENT"键，显示器将显示一闪动的"正弦曲线"（最后一数码管显示隐 8 字）。此时只要将集成电路芯片夹于锁紧夹中，即能显示出该芯片完整的型号，如 74LS125，CD4060，CD4553 等，如有相同功能的其他型号芯片，将循环显示出该芯片及其他代用芯片的型号；使待测芯片放于夹子上一段时间，这段时间中，该芯片的型号显示不变，为合格，否则为不合格，但应排除同类多型号现象。

操作时应注意：对于任何功能的实现，在按"ENT"键以前，不能在锁紧夹上放任何芯片；放置芯片的规则是将芯片的缺口朝上；使芯片的第一脚与夹子的第一脚（旁边有"·"标记）对齐。

2）在显示"PC"状态下，连续按动"FCH"键，将依次显示如下功能符号："74LS"、"74HC"、（"CD40"、"CD45"）"ANG"、"F500"、"F1000"、"F5000"、"F10000"、"CCP"、"COU"，括号内的功能在本装置中未采用。

选中"F500"后按"ENT"键，3s 后七位显示器全显示"0"，此时即进入频率测量状态，将被测信号从"f1"插口输入，即可以对小于 350kHz 的信号进行频率测量了。所测频率的最低单位为 Hz。

大于 350kHz 的频率测量操作方法同上，只是用键"FCH"选"F1000"、"F5000"或"F10000"，用来分别测量 1、5MHz 或 10MHz 以内的频率。但应注意，此时的被测信号应从"f2"插口输入，且需用锁紧线将"f1"插口连接起来。所测频率的最低单位仍为 Hz。

3）按"FCH"键至"CCP"，再按"ENT"键，即进入周期测量状态。测量的接线方法与小于 350kHz 频率测量的方法相同。周期显示最低的单位是 μs。（注意：此功能下，在被测信号输入以前，显示器并不会像测频率那样显示"0"；输入被测信号的频率不应大于500kHz）。

4）连续按"FCH"键至"COU"，按"ENT"键，即进入计数状态。此时，将脉冲信号输入"f1"插口，本测试仪即开始对脉冲信号进行计数；再按"ENT"键，测试仪将对脉冲信号进行第二次计数。

（14）在本实验板上还装有一块 166mm×55mm 的面包板，以保留传统面包板的优点。

（15）实验板上还设有多圈电位器 10kΩ1 只，碳膜电位器 100kΩ 1 只，声响信号指示一路，继电器 1 只，32 768Hz 晶振 1 只，电容 4 只，复位按钮 2 只，并附有充足的实验连接导线、套。

（16）面板上设有 4 个蓝色固定插座，可用来插固定小线路板，以便扩展实验。

附录七　数字万用表

数字万用表是采用数字化的测量仪表，具有数字显示清晰、读数准确、测量范围宽、测量速度快、测试功能多、保护电路齐全和输入阻抗高等优点，所以广泛被用于电子测量。下面以 UT56 型数字万用表为例介绍其使用方法。

UT56 型数字万用表是一种体积小，携带方便，电池驱动的 $3\frac{1}{2}$ 数字万用表，可以进行直流和交流电压、电流电阻、二极管、带声响的通断测试及晶体管 h_{FE} 的测试，具有数据保持、符号显示、睡眠、低电压提示等功能。

1. 仪表面板结构

UT56 型数字万用表面板示意图如附图 7 - 1 所示。

2. 主要技术指标

（1）测量范围：

直流电压：分 200mV，2V，20V，200V，1000V 5 档。

交流电压：分 2，20，200，750V 4 档。

直流电流：分 2mA，20mA，200mA，20A 4 档。

交流电流：分 2mA，20mA，200mA，20A 4 档。

电阻：分 200Ω，2kΩ，20kΩ，200kΩ，2MΩ，20MΩ，200MΩ 6 档。

电容：分 2nF，20nF，200nF，2mF，20mF 5 档。

频率：20kHz。

二极管及声响的通断测试。

晶体管放大系数 h_{FE} 值：0～100。

（2）工作频率：

工作频率：40～400Hz。

（3）显示特性：

显示方式：LCD 显示。

最大显示：19999。

过量显示："1"。

附图 7 - 1　UT56 型数字
万用表面板

3. 注意事项

（1）测试笔插孔旁边的正三角中感叹号，表示输入电压或电流不应超过指示值。

（2）务必检查量程开关是否置于恰当的位置，并注意红表笔所在的插孔是否与量程开关所在范围一致。在测量交直流电压和电流时，若不知被测量的大约数值，可先将量程开关置于最高档，然后根据实际情况逐渐减小，以防止因超量输入而损坏仪表。

4. 使用方法

（1）直流电压、交流电压的测量。首先将黑表笔插入 COM 插孔，红表笔插入 V/Ω 插孔；然后将功能开关置于 DCV（直流）或 ACV（交流）量程，并将测试笔连接到被测电路两端，显示屏将显示被测电压值，在显示直流电压值的同时，将显示红表笔端的极性。如果显示屏只显示"1"，表示超量程，量程开关应置于更高的量程（下同）。若量程开关置于

"200m"显示数值以"mV"为单位；置其他各档时，显示数值以"V"为单位。应该注意测低电压时，不能置于高量程挡位，因为随着量程挡位增加，误差也增大。

（2）直流电流、交流电流的测量。首先将黑表笔插入 COM 插孔，测量最大值为 200mA 的电流时，将红笔插入 mA 孔；测量最大值为 10A 的电流时，将红表笔插入 10 A 插孔。将量程开关置于 DCA 或 ACA 量程，测试表笔串联接入被测电路，显示屏即显示被测电流值，在显示直流电流值的同时，将显示红表笔端的极性。

（3）电阻的测量。首先将黑表笔插入 COM 插孔，红表笔插入 V/Ω，然后将量程开关置于电阻档；两表笔分别接到被测电阻两端，显示屏将显示被测电阻值。应该注意如果电阻本身开路，则显示"1"。

（4）二极管的检测。首先将黑表笔插入 COM 插孔，红表笔插入 V/Ω（**数字万用表的红表笔是表内电池的正极，黑表笔是电池的负极**），然后将量程开关置于二极管档，将两表笔接二极管的两端，显示屏将显示二极管的导通电压（以"V"为单位）；当二极管反向时，显示屏左端将显示"1"。

检查二极管的质量及鉴别硅管、锗管：

1）测量结果若在 1 V 以下时，红笔为二极管正极，黑笔为负极；

2）测量显示为 0.55 ～ 0.70V 者为硅管，0.15～0.30V 者为锗管；

3）两个方向均显示"1"，管子开路；两个方向均显"0"，管子击穿、短路。

（5）带声响的通断测试。首先黑表笔插入 COM 插孔，红表笔插入 V/Ω 插孔，然后将功能开关置于通断测试档"·))"，将测试表笔连接到被测电阻，如表笔之间的阻值低于约 30Ω，蜂鸣器发声。

（6）晶体管放大系数 h_{FE} 测试。首先将功能开关置于 h_{FE} 档，然后确定晶体管为 NPN 型或 PNP 型，并将发射极、基极、集电极分别插入相应的插孔，此时显示器将显示出晶体管放大系数 h_{FE} 值。

检查三极管的质量及鉴别硅管、锗管（用表上的二极管档或 h_{FE} 档）：

1）极性判别。红表笔接某极，黑笔分别接其他两极，都出现超量程或电压都小，则红笔为基极 B；若一个超量程，一个电压小，则红笔不是 B 极，换脚重测。

2）判别管型。上面测量结果中，都超量程者为 PNP 管，电压都小（0.5～0.7V）者为 NPN 管。

3）判别 C、E 极。用 h_{FE} 挡，已知 NPN 管，基极 B 插入 B 孔，其他两极分别插入 C、E 孔，若结果 h_{FE}＝1～10 时，则管子接反了；若 h_{FE}＝10～100 或更大时，则接法正确。

附录八 Multisim 8 简介

Multisim 8 是目前电路仿真和电路设计最常用的工具软件。

一、Multisim 8 用户界面

Multisim 8 提供了一个灵活、直观的工作界面来创建电路，把电路图的创建、电路的测试分析和仿真结果等内容都集成到一个电路窗口中。整个操作界面就像一个实验平台。创建电路所需的元器件、仿真电路所需的测试仪器均可以直接从电路窗口中选取。

附图 8-1 所示 Multisim 8 用户界面，主要由菜单栏（Menu Bar）、标准工具栏（Standard Toolbar）、使用的元器件列表（In Use List）、仿真开关（Simulation Switch）、图形注释工具栏（Graphic Annotation Toolbar）、项目栏（Project Bar）、元器件工具栏（Component Toolbar）、虚拟工具栏（Virtual Toolbar）、电路窗口（Circuit Windows）、仪表工具栏（Instruments Toolbar）、电路标签（Circuit Tab）、状态栏（Status Bar）和电子数据表（Spreadsheet View）等组成。

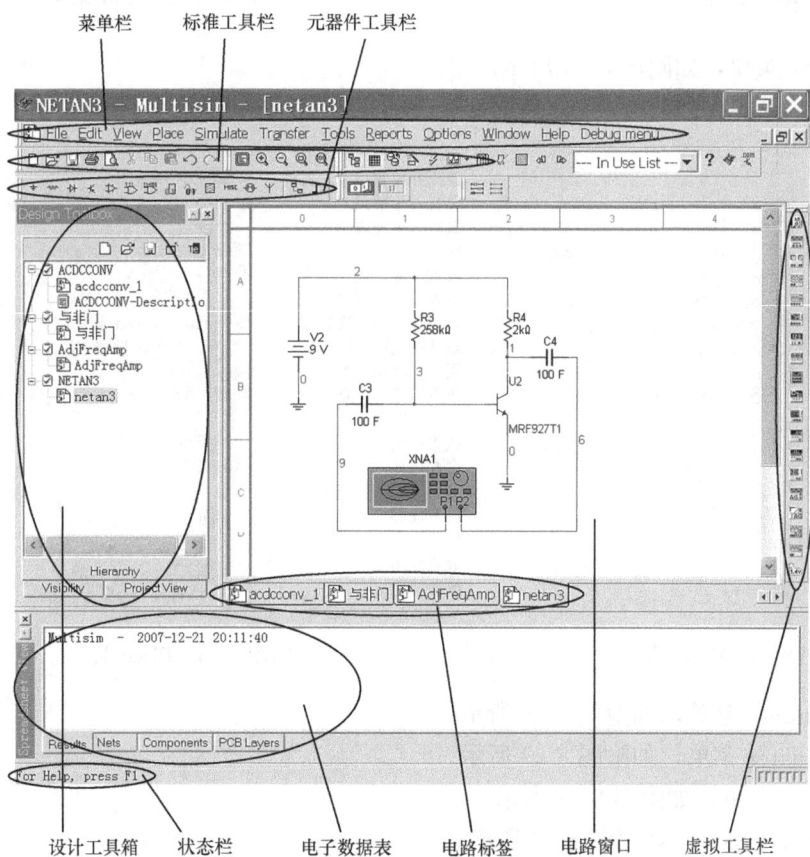

附图 8-1　Multisim 8 用户界面

1. 菜单栏
(1) File 菜单，如附图 8-2 所示。

（2）Edit 菜单，如附图 8-3 所示。

	File 菜单		Edit 菜单	
创建一个新文件	New	Ctrl+N	撤销	Undo	Ctrl+Z

创建一个新文件　　New　　Ctrl+N
打开文件　　Open...　　Ctrl+O
打开例子　　Open Samples...
关闭文件　　Close
关闭所有文件　　Close All
保存　　Save　　Ctrl+S
另存为　　Save As...
全部保存　　Save All
新建一个项目　　New Project...
打开项目　　Open Project...
保存项目　　Save Project
关闭项目　　Close Project
以不同版本操作　　Version Control...
打印　　Print...　　Ctrl+P
打印预览　　Print Preview
打印选择　　Print Options
最近打开文件　　Recent Circuits
最近打开项目　　Recent Projects
退出　　Exit

附图 8-2　File 菜单

撤销　　Undo　　Ctrl+Z
重做　　Redo　　Ctrl+Y
剪切　　Cut　　Ctrl+X
复制　　Copy　　Ctrl+C
粘贴　　Paste　　Ctrl+V
删除　　Delete　　Delete
全选　　Select All　　Ctrl+A
删除多页　　Delete Multi-Page
作为支路粘贴　　Paste as Subcircuit
查找　　Find...　　Ctrl+F
评论　　Comment
图表注释　　Graphic Annotation
命令　　Order
分配到层数　　Assign to Layer
层设置　　Layer Settings...
标题位置　　Title Block Position
取向　　Orientation
编辑标号　　Edit Symbol/Title Block...
字体　　Font...
属性　　Properties...　　Ctrl+M

附图 8-3　Edit 菜单

（3）View 菜单，如附图 8-4 所示。

（4）Place 菜单，如附图 8-5 所示。

全屏　　Full Screen
放大　　Zoom In　　F8
缩小　　Zoom Out　　F9
区域放大　　Zoom Area　　F10
按页放大　　Zoom Fit to Page　　F7
显示网格　　Show Grid
显示边框　　Show Border
显示页范围　　Show Page Bounds
标尺　　Ruler bars
状态栏　　Status Bar
设计工具箱　　Design Toolbox
电子数据表　　Spreadsheet View
电路描述窗口　　Circuit Description Box　　Ctrl+D
工具栏　　Toolbars
注释/探针　　Comment/Probe
图示仪器　　Grapher

附图 8-4　View 菜单

选择并放置一个元器件　　Component...　　Ctrl+W
放置一个节点　　Junction　　Ctrl+J
放置一根导线　　Wire
梯子阶　　Ladder Rungs
放置一根总线　　Bus　　Ctrl+U
放置一个连接器　　Connectors
来自文件的层次原理图　　Hierarchical Block From File...　　Ctrl+H
新建层次原理图　　New Hierarchical Block...
层次原理图替换　　Replace by Hierarchical Block...　　Ctrl+Shift+H
放置新建子电路　　New Subcircuit...　　Ctrl+B
用子电路替换　　Replace by Subcircuit...　　Ctrl+Shift+B
放置多页　　Multi-Page...
合并总线　　Merge Bus
放置总线矢量连接器　　Bus Vector Connect...
放置注释　　Comment
放置文字　　Text　　Ctrl+T
放置绘图工具　　Graphics
放置标题框　　Title Block...

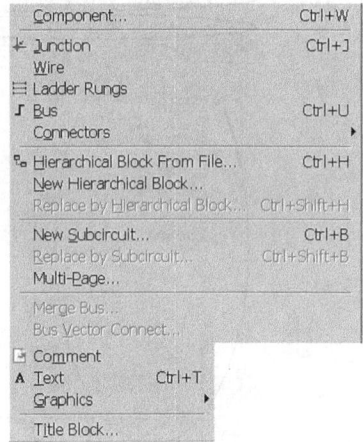

附图 8-5　Place 菜单

（5）Simulate 菜单，如附图 8-6 所示。

（6）Transfer 菜单，如附图 8-7 所示。

（7）Tools 菜单，如附图 8-8 所示。

（8）Reports 菜单，如附图 8-9 所示。

（9）Options 菜单，如附图 8-10 所示。

（10）Window 菜单，如附图 8-11 所示。

（11）Help 菜单，如附图 8-12 所示。

开始仿真　　　　　Run　　　　　　　　　　F5
暂停　　　　　　　Pause　　　　　　　　　F6
虚拟仪器　　　　　Instruments
交互仿真设置　　　Interactive Simulation Settings...
数字仿真设置　　　Digital Simulation Settings...
分析功能　　　　　Analyses
后处理　　　　　　Postprocessor...
仿真错误报告　　　Simulation Error Log/Audit Trail
Xspice 命令行　　　XSpice Command Line Interface...
加载仿真设置　　　Load Simulation Settings...
保存仿真设置　　　Save Simulation Settings...
VHDL 仿真　　　　VHDL Simulation...
Verilog HDL 仿真　Verilog HDL Simulation...
探针属性　　　　　Probe Properties
探针反向　　　　　Reverse Probe Direction
清除仪器数据　　　Clear Instrument Data
自动设置电路故障　Auto Fault Option...
全部组件误差　　　Global Component Tolerances...

附图 8 - 6　Simulate 菜单

转换至 Ultiboard　　　　Transfer to Ultiboard
转换至其他 PCB Layout　Transfer to other PCB Layout
输出改动至 Ultiboard　　Forward Annotate to Ultiboard
从 Ultiboard 返回改动　　Backannotate from Ultiboard
在 Ultiboard 高亮显示　　Highlight Selection in Ultiboard
网络表报告　　　　　　　Export Netlist

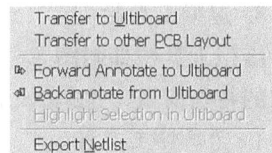

附图 8 - 7　Transfer 菜单

新建组件向导　　　　　Component Wizard
数据库　　　　　　　　Database
555 器件向导　　　　　555 Timer Wizard...
滤波器向导　　　　　　Filter Wizard...
共射极三极管放大器向导　CE BJT Amplifier Wizard...
变量管理器　　　　　　Variant Manager...
设置活动变量　　　　　Set Active Variant...
重命名组件　　　　　　Rename/Renumber Components...
替换组件　　　　　　　Replace Component...
更新电路组件　　　　　Update Circuit Components ...
电气规则检查　　　　　Electrical Rules Check...
清除电气规则检查结果　Clear ERC Markers
标志编辑　　　　　　　Symbol Editor...
标题栏编辑　　　　　　Title Block Editor...
描述箱编辑　　　　　　Description Box Editor...
编辑标签　　　　　　　Edit Labels...
抓屏区域　　　　　　　Capture Screen Area
打开互联网会议　　　　Internet Design Sharing
教育网页　　　　　　　Education Web Page
访问 EDAparts.com 网站　EDAParts.com
显示面包板　　　　　　Show Breadboard
多节组件检查　　　　　Multisection Component Check

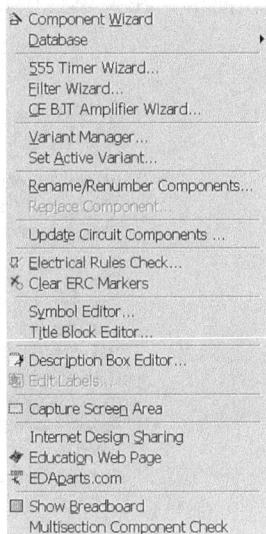

附图 8 - 8　Tools 菜单

元件清单　　　　Bill of Materials
组件详细报告　　Component Detail Report
网络表报告　　　Netlist Report
参考报告　　　　Cross Reference Report
原理图统计表　　Schematic Statistics
剩余逻辑门报告　Spare Gates Report

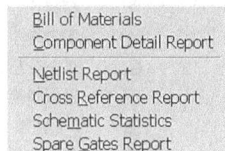

附图 8 - 9　Reports 菜单

全局参数选择　　Global Preferences...
当前界面设置　　Sheet Properties...
全局限制设置　　Global Restrictions...
电路限制设置　　Circuit Restrictions...
简化版　　　　　Simplified Version
定做用户界面　　Customize User Interface...

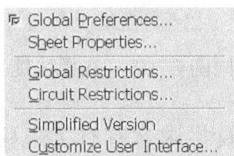

附图 8 - 10　Options 菜单

新建窗口　　　New Window
层叠式样　　　Cascade
水平平铺　　　Tile Horizontal
垂直平铺　　　Tile Vertical
关闭所有　　　Close All
显示窗口　　　Windows...
已打开的电路　1 netan3
　　　　　　　2 AdjFreqAmp
　　　　　　　3 acdcconv_1
　　　　　　　4 与非门

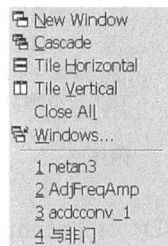

附图 8 - 11　Window 菜单

2. 标准工具栏

标准工具栏中各个图标的功能如附图 8 - 13 所示。

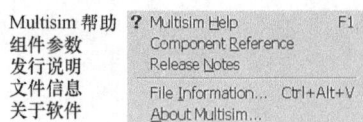

附图 8-12 Help 菜单

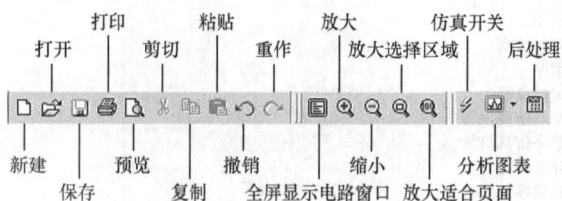

附图 8-13 标准工具栏

3. 虚拟工具栏

虚拟工具栏如附图 8-14 所示。这是进行虚拟电子实验和电子设计仿真的最强有力而又形象的特殊窗口，也是 Multisim 8 最具特色的地方。

4. 元器件工具栏

在菜单栏附近的空白区域内单击鼠标右键，可以从弹出的快捷菜单中选择在工具栏区内要显示的快捷工具栏，如附图 8-15 所示。其中的 Standard 项即附图 8-13 所示的标准工具栏，View、Main 和 Graphic Annotation 选项较简单，在菜单栏中都有涉及，在此主要介绍 3D Components 以下的选项。

附图 8-14 虚拟工具栏

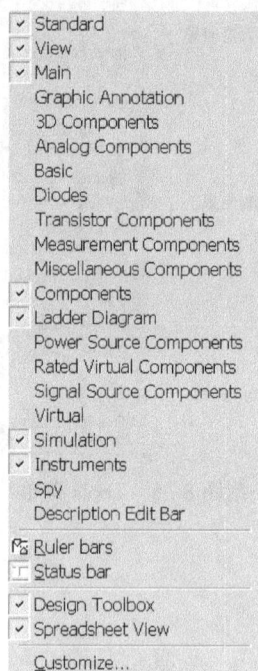

附图 8-15 选择快捷工具栏

（1）3D Components 工具栏。3D Components 工具栏内含有有关三极管、电容器、计数器、二极管、场效应管、电动机、运算放大器、电位器、与门、电阻、移位寄存器、开关等组件，并以 3D 图的形式显示，如附图 8-16 所示。部分 Components 的 3D 图见附图 8-17。

（2）Analog Components 工具栏。Analog Components 工具栏内含有比较器、无电源放大器和有电源放大器，如附图 8-18 所示。

附图 8 - 16　3D Components 工具栏

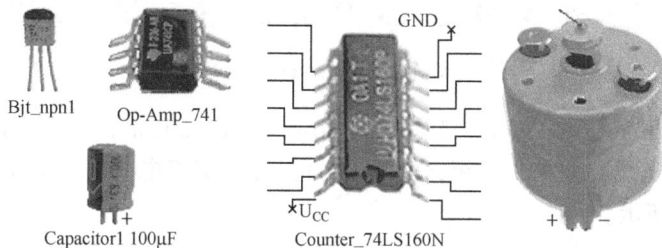

附图 8 - 17　部分 Components 的 3D 图

（3）Basic 工具栏。Basic 工具栏内含有电容、无芯线圈、电感、磁芯线圈、互感线圈、电位器、继电器、电阻、音频变压器、混频变压器、电源变压器、变压器、可变电容、可变电感、上拉电阻、压控电阻等，如附图 8 - 19 所示。

附图 8 - 18　Analog Components 工具栏

附图 8 - 19　Basic 工具栏

（4）Diodes 工具栏。Diodes 工具栏内含有二极管和稳压二极管，如附图 8 - 20 所示。

（5）Transistor Components 工具栏。Transistor Components 工具栏内含有各种四极管、三极管、场效应晶体管，如附图 8 - 21 所示。

附图 8 - 20　Diodes 工具栏

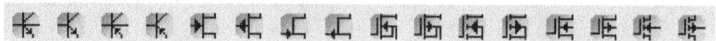

附图 8 - 21　Transistor Components 工具栏

（6）Measurement Components 工具栏。Measurement Components 工具栏内含有不同方向的电流表、不同颜色的逻辑指示仪和不同方向的电压表，如附图 8 - 22 所示。

附图 8 - 22　Measurement Components 工具栏

（7）Miscellaneous Components 工具栏。Miscellaneous Components 工具栏内含有 555 集成电路、模拟开关、晶振、带编码器的七段数码管、保险丝、灯泡、单稳态电路、电动机、光耦、锁相环、七段数码管等，如附图 8 - 23 所示。

附图 8 - 23　Miscellaneous Components 工具栏

（8）Components 工具栏。Components 工具栏内含有电源库、基本元件库、二极管库、晶体管库、模拟器件库、TTL 器件库、CMOS 器件库、数字器件库、模拟混合器件库、指示器件库、混合器件库、机电器件库、射频器件库、放置电路功能块、总线等，如附图 8-24 所示。

附图 8-24　Components 工具栏

（9）Power Source Components 工具栏。Power Source Components 工具栏内含有交流源、直流源、数字地线、地线、三相交流电（Δ）、三相交流电（Y）、U_{CC}、U_{DD}、U_{EE}、U_{SS} 等，如附图 8-25 所示。

附图 8-25　Power Source Components 工具栏

（10）Signal Source Components 工具栏。Signal Source Components 工具栏内含有交流电流源、交流电压源、调幅电压源、时钟电流源、时钟电压源、直流电流源、指数电流源、指数电压源、调频电流源、调频电压源、分段线性电流源、分段线性电压源、脉冲电流源、脉冲电压源、热噪声源等，如附图 8-26 所示。

附图 8-26　Signal Source Components 工具栏

（11）Virtual 工具栏。Virtual（虚拟）工具栏内含有虚拟电源族、虚拟信号源族、虚拟基本器件族、虚拟二极管族、虚拟晶体管族、虚拟模拟器件族、虚拟混合器件族、虚拟测量仪表族、额定虚拟器件族、3D 虚拟器件族等，如附图 8-27 所示。

附图 8-27　Virtual 工具栏

二、Multisim 8 元器件库

元器件是构成电路的基本单元，Multisim 8 使用数据库对元器件进行管理，从数据库的结构上分，元器件数据库可分为 Multisim Master，Corporate，User 3 个层次，如附图 8-28 所示。其中，Multisim Master 层次是 Multisim 8 的基本元器件库，用户不可以对其进行修改、删除等操作；Corporate 是为公司或多人共同参与某项目而设置的，对单用户不适用，仅对网络用户适用；User 是用户自己新建的元器件或用户修改过的元器件，可以将其存入 User 数据库供下次使用。以上 3 个层次数据库的选择可以通过选择元器件的对话框进行。

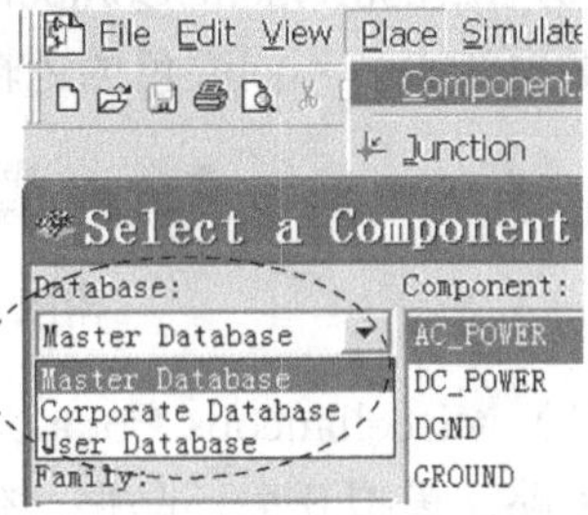

附图 8-28　元器件数据库的 3 个层次

除了上面所说根据元器件数据库进行分类外，还可以将元器件分为有源元器件、无源元器件、虚拟元器件。其中，有源元器件是指二极管、三极管、场效应管、运算放大器等需要外加电源才能体现其特性的元器件；无源元器件是指电阻、电容、电感等无须外加电源就具有其特性的元器件；虚拟元器件是为了便于仿真模拟而假想的、在电路板上不存在的元器

件，如信号源、任意调节大小的电阻等。在常用器件工具栏中，除了 Components 工具栏外，其他工具栏中的元器件全部是虚拟元器件。虚拟元器件的缺省颜色通常为蓝色或绿色，不同于真实元器件的缺省颜色。

Multisim 8 的元器件模型分门别类地放到 13 个元器件分类库中，如附图 8‐24 所示。

所有的元器件，都可以通过 Select a Component 元器件浏览器找到。打开 Select a Component 元器件浏览器的方法：单击 Place 菜单，在下拉菜单中选择 Component 命令（ctrl＋W）（参见附图 8‐28）；或按一下 Components 工具栏上的相应按钮。

"电源库"的对话框如附图 8‐29 所示。Multisim 8 电源库分成六大类，共有 40 多个电源器件，有为电路提供电能的功率电源，有作为输入信号的各式各样的信号源及产生电信号转变的控制电源，还有接地端符号。

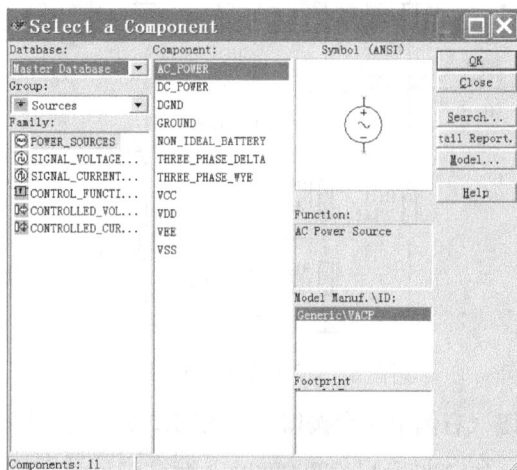

附图 8‐29　电源库对话框

"基本元器件库"的对话框如附图 8‐30 所示。Multisim 8 的基本元器件库提供了 13 类基本电子元器件。

其他的 11 个元器件分类库，请读者自行观察。

三、Multisim 8 的基本仿真分析方法

Multisim 8 提供了 18 种基本仿真分析方法。单击 Simulate 菜单，在下拉菜单中选择 Analyses 命令（或直接单击"仿真工具"按钮 ），将展现 18 种基本仿真分析方法名称，如附图 8‐31 所示。

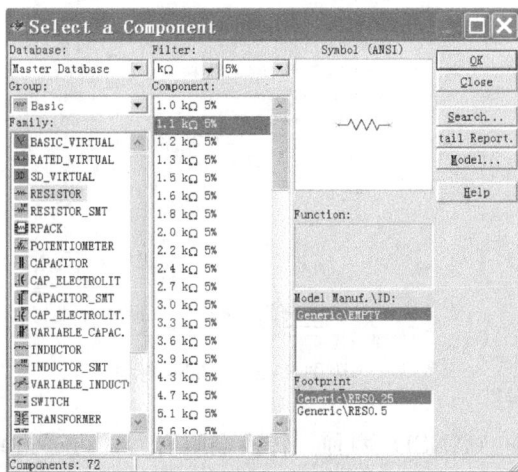

附图 8‐30　"基本元器件库"对话框

直流工作点分析　DC Operating Point
交流分析　AC Analysis
瞬态分析　Transient Analysis
傅里叶分析　Fourier Analysis
噪声分析　Noise Analysis
噪声系数分析　Noise Figure Analysis
失真分析　Distortion Analysis
直流扫描分析　DC Sweep
灵敏度分析　Sensitivity
参数扫描分析　Parameter Sweep
温度扫描分析　Temperature Sweep
极‐零点分析　Pole Zero
传递函数分析　Transfer Function
最坏情况分析　Worst Case
蒙特卡罗分析　Monte Carlo
扫描幅度分析　Trace Width Analysis
批处理分析　Batched Analysis
用户自定义分析　User Defined Analysis
停止分析　Stop Analysis
射频分析　RF Analyses

附图 8‐31　仿真分析法

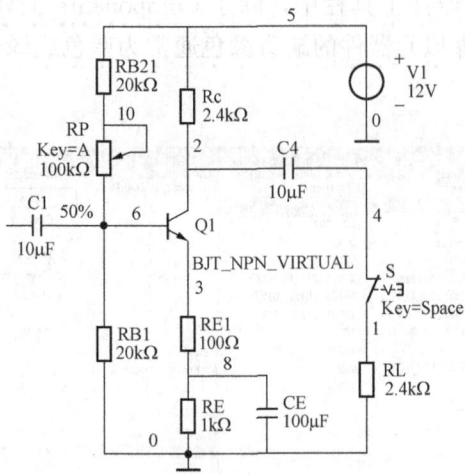

附图 8-32　单管放大电路

四、Multisim 8 仿真实例

以实验二单管放大器为例，说明使用 Multisim 8 进行仿真实验的基本方法。

1. 创建电路

创建如附图 8-32 所示的单管放大电路。

（1）新建文件并保存。通过 File→New 命令，或单击□按钮新建文件，并保存。

（2）选放元器件。通过 Place→Component 命令，或按一下 Components 工具栏上的相应按钮，打开 Select a Component 元器件浏览器，在 13 个元器件分类库中选出所需要的元器件。当某个元器件的位置未知时，可通过 Select a Component 元器件浏览器上的 Search 按钮（右侧第 3 个按钮，参见附图 8-29）进行查找。

在 Select a Component 元器件浏览器中，主要可以选取真实元器件，也可以选取虚拟元器件。真实元器件的参数是确定的。在以后的实验中，我们更倾向使用虚拟元器件，因为虚拟元器件的参数可以随时调整。虚拟元器件可通过 Virtual 工具栏选取，参见本实验中常用器件工具栏。

（3）设置元器件属性。选取元器件放置后，元器件会自动带有序号和参数，如 "R1，1kΩ"，如附图 8-33 左上角所示。双击 R1 符号，打开如附图 8-33 所示其属性对话框，在该对话框内可对元器件的属性进行设置。如在 Label 标签中可以将 "R1" 按电路中的需要改为 "RB" 或 "RC" 等，在 Value 标签（见附图 8-34）中可根据电路的需要改变元器件的参数和单位，Fault 标签用于设置元器件的故障等。

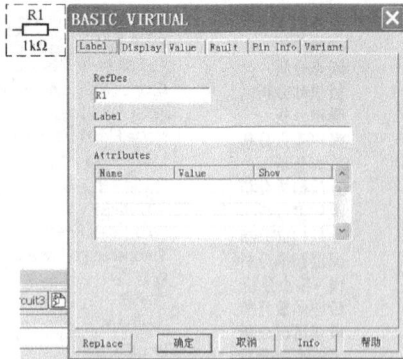

附图 8-33　Label 标签

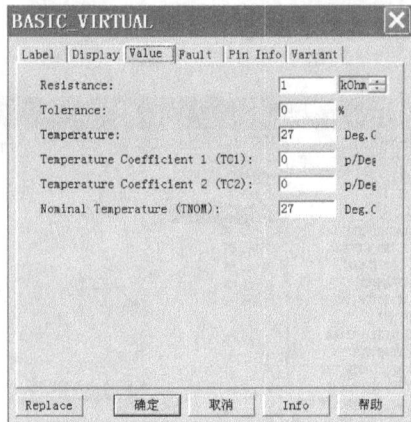

附图 8-34　Value 标签

电阻的图形符号有 ▭ (DIN) 和 ◁◁◁ (ANSI) 两种。转换电阻符号，可通过单击 Options 菜单，选择 Global Preferences 按钮，打开全局参数选择对话框后进行相应的转换。

（4）元器件的操作。选中元器件（如 12V 直流电压源）点击鼠标右键，出现如附

图 8-35 所示的快捷菜单，选取该菜单中的命令可对元器件进行剪切、复制、删除、旋转、改变颜色和字体、设置属性等操作。

(5) 节点及输入输出端点的放置。节点"·"可以使交叉的连线实现电气连接。启动 Place 菜单中的 Junction 命令，点击需要放置节点的位置，即可在该处放置一个连接点，实现两条线的连接。

启动 Place 菜单中的 Connectors - HB/SBConnector 命令，将输入输出端点"□——|"移至需要处点击后将其固定。

2. 测量静态工作点电流、电压

测量单管放大电路的静态工作点 I_B、I_C、U_{BE}、U_{CE} 等。

(1) 使用万用表测量。测量电流时，万用表应串入被测电路，如附图 8-36 中的 XMM3、XMM4；测量电压时，万用表应并入被测电路，如附图 8-36 中的 XMM1、XMM2。双击万用表图标，可打开其工作面板，设置测量功能、被测信号类型以及有关参数。

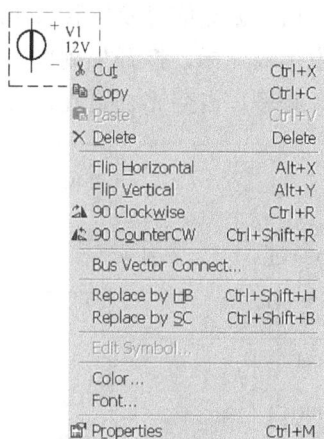

附图 8-35 元器件的快捷菜单

点击仿真开始按钮 开始仿真。当电路存在问题时，会给出错误提示。只有在所有问题都解决后，才会给出仿真测量结果，如附图 8-36 中各万用表工作面板上显示窗口所显示。

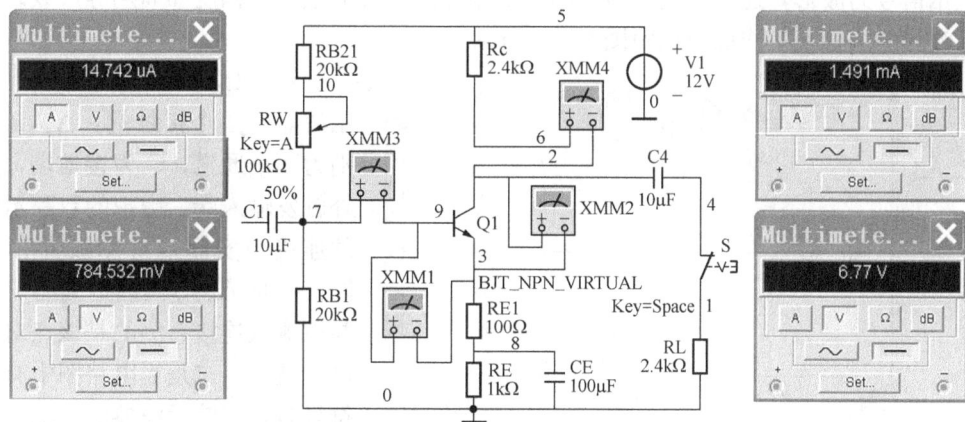

附图 8-36 使用万用表测量

还可以进一步测量开关 S 闭合（按 Space 键）时的各静态值，说明负载对静态工作点是否有影响，耦合电容器的隔直作用。

(2) 使用电流表、电压表测量。电流表、电压表的取用方法见本实验 Measurement Components 工具栏。电流表、电压表接入电路后点击仿真开始按钮 开始仿真。仿真测量结果如附图 8-37 所示。

3. 测量电压放大倍数

放大电路接入输入信号后，在输出波形不失真的情况下可测量电压放大倍数。输入信号由函数信号发生器提供，输出波形通过示波器进行观察。

（1）函数信号发生器的使用。从虚拟仪表栏选取函数信号发生器接入电路，双击函数信号发生器图标，打开如附图 8‐38 所示的工作面板。在此工作面板上可对其输出信号的波形、频率、占空比、幅值、偏差（输出信号中直流成分的大小）等参数进行设置。

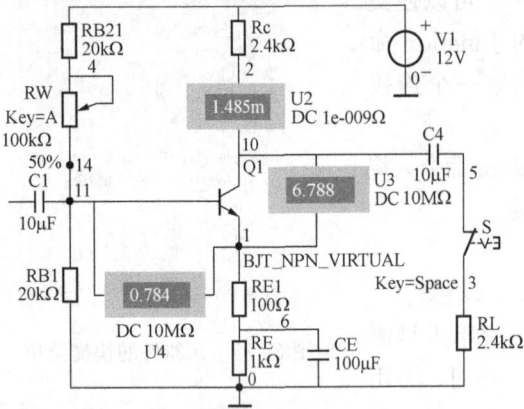

附图 8‐37　使用电流表、电压表测量

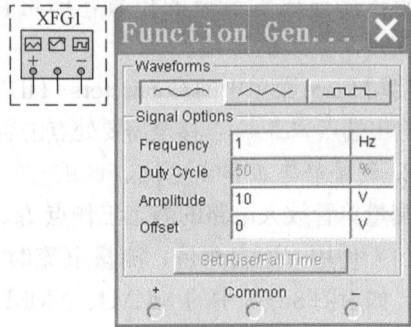

附图 8‐38　函数信号发生器图标及工作面板

函数信号发生器有 3 个输出端，中间是公共端，"＋"、"－"端分别输出两个幅值相同、相位相反的波形。

（2）双踪示波器的使用。示波器是电子技术实验中使用频率非常高的电子仪器，它不仅可以显示信号的波形，还可以通过显示的波形来测量信号的频率、幅度和周期等参数。虚拟双踪示波器的图标及工作面板如附图 8‐39 所示。

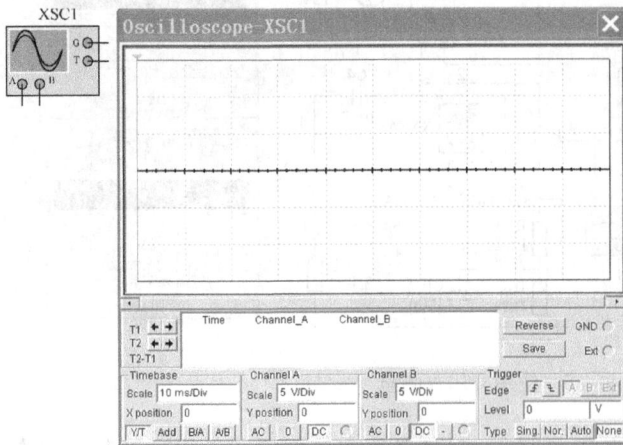

附图 8‐39　双踪示波器图标及工作面板

1）双踪示波器的连接。双踪示波器有 4 个接线端：A、B 端分别为两个通道，G 为接地端，T 是外触发输入端。虚拟的双踪示波器的连接与实际双踪示波器稍有不同：一是 A、B 两通道只有一根线与被测点连接，测的是该点对地的电压波形；二是当电路图中有接地符号时，双踪示波器的接地端可以不接。

2）双踪示波器的面板设置。双踪示波器的面板主要由显示屏以及游标测量参数显示区 "Timebase" 区、"Channel A" 区、"Channel B" 区、"Trigger" 区等 6 个部分组成。

① "Timebase"（时基）区。"Timebase" 区用来设置 X 轴的时间基准扫描时间。

"Scale"（刻度）：设置 X 轴方向每一大格所表示的时间。单击该栏出现一对上、下翻转箭头，可根据显示信号频率的高低，通过上、下翻转箭头选择合适的时间刻度。

"X Position"（X 位移）：表示 X 轴方向时间基准的起点位置。

"Y/T"：显示随时间变化的信号波形。

"Add"：显示的波形是 A 通道的输入信号和 B 通道的输入信号之和。

"B/A"：将 A 通道的输入信号作为 X 轴扫描信号，B 通道的输入信号施加在 Y 轴上。

"A/B"：与 B/A 相反。

② "Channel A" 区。"Channel A" 区用来设置 A 通道的输入信号在 Y 轴的显示刻度。

"Scale"：设置 Y 轴的刻度。

"Y Position"：设置 Y 轴的零点位置。

"AC"：显示信号的波形只含有 A 通道输入信号的交流成分。

"0"：A 通道的输入信号被短路。

"DC"：显示信号的波形含有 A 通道输入信号的交、直流成分。

③ "Channel B" 区。"Channel B" 区用来设置 B 通道的输入信号在 Y 轴的显示刻度，其设置方法与 A 通道相同。

④ "Trigger"（触发）区。"Trigger" 区用来设置示波器的触发方式。

"Edge"：选择输入信号的上升沿或下降沿作为触发信号。

"Level"：用于选择触发电平的大小。

"Sing"：当触发信号电平高于所设置的触发电平时，示波器就触发且只触发一次。

"Nor"：只要触发信号电平高于所设置的触发电平时，示波器就触发一次。

"Auto"：若输入信号变化比较平坦或只要有输入信号就尽可能显示波形时，则选择它。

"A"：用 A 通道的输入信号作为触发信号。

"B"：用 B 通道的输入信号作为触发信号。

"Ext"：用示波器的外触发端的输入信号作为触发信号。

⑤ 游标测量参数显示区。游标测量参数显示区是用来显示两个游标在显示波形上测得的数据。可测量的波形参数包括游标所在的刻度、两游标的时间差、通道 A 和 B 输入信号在游标处的信号幅度。通过单击游标中的左右箭头，可以移动游标。

⑥ "Reverse" 和 "Save" 按钮。单击双踪示波器工作面板右下方的 "Reverse" 按钮，可改变示波器的背景颜色（白或黑）；单击双踪示波器工作面板右下方的 "Save" 按钮，可将显示的波形保存起来。

（3）用双踪示波器观察单管放大电路的输入、输出波形。将函数信号发生器、双踪示波器接入电路，如附图 8 - 40（a）所示。双击函数信号发生器图标后，对其参数进行设置，如附图 8 - 40（b）。

双击双踪示波器图标，显示其面板。点击仿真开始按钮 [⊙⊙] 开始仿真。如附图 8 - 41 所示，设置 Timebase Scale 及 Channel A Scale、Channel B Scale 使显示屏上显示几个完整周期的波形，将两个游标分别移动至输入、输出波形的过零点，可见输入、输出波形近似反向。

（4）测量电压放大倍数。如附图 8 - 42 所示，将两个游标分别移动至输入、输出波形的最大值点，在游标测量参数显示区可见输入、输出波形的幅值分别为 30.000、573.431mV，由此可得到电压放大倍数。

（5）负载对电压放大倍数的影响。按键盘上的 "B" 键，电路上的开关 S 闭合，给放大电路加负载，如附图 8 - 43 所示。点击仿真开始按钮 [⊙⊙] 开始仿真。输入、输出波形如附图 8 - 44 所示，在游标测量参数显示区可见输入、输出波形的幅值分别为 30.000mV、286.192mV，由此可得到电压放大倍数。

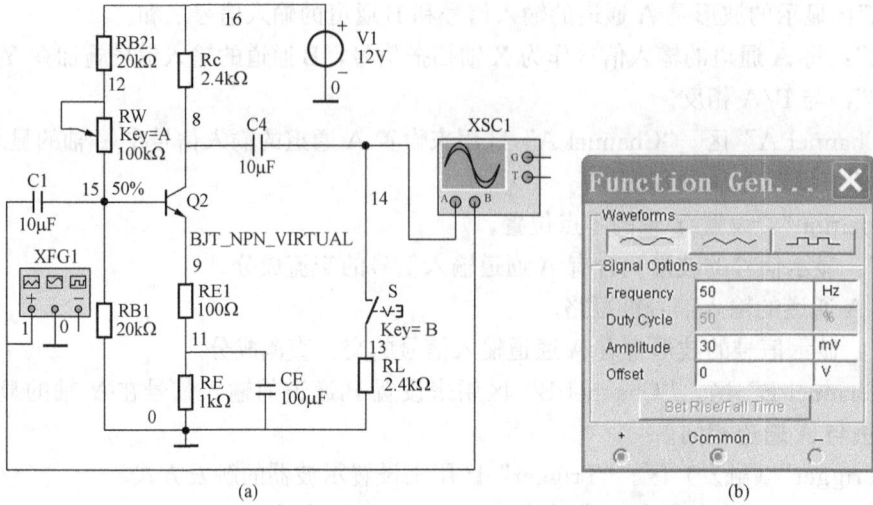

附图 8-40　单管放大电路输入、输出波形的测量
(a) 电路图；(b) 参数设置页面

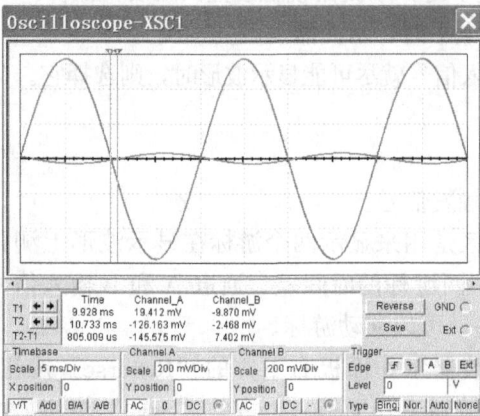

附图 8-41　开关 S 打开时的输入、输出波形

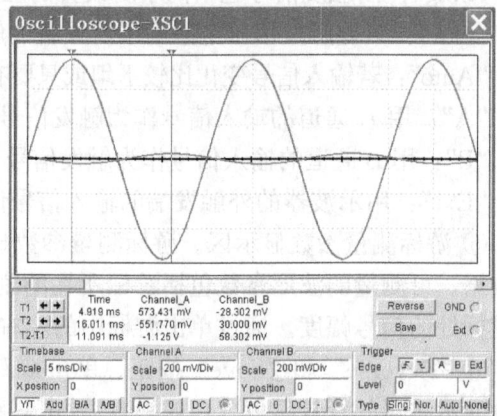

附图 8-42　测量开关 S 打开时输入、输出波形的幅度

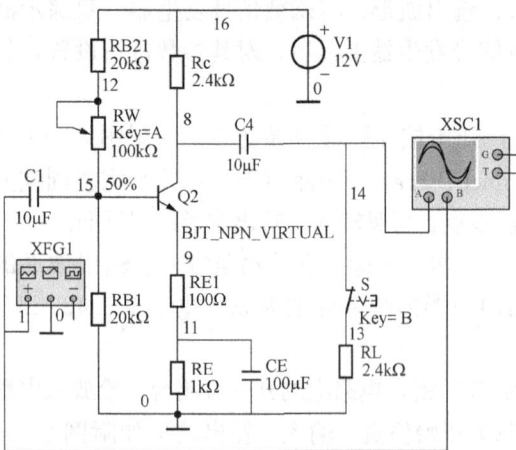

附图 8-43　开关 S 闭合，放大电路有载

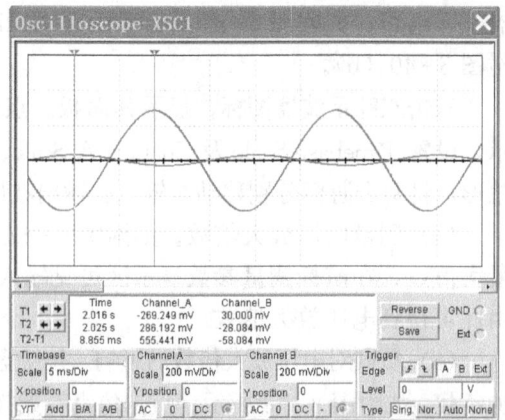

附图 8-44　测量开关 S 闭合时（有载）输入、输出波形的幅度

与开关 S 打开时的输出相比较，可见负载对电压放大倍数的影响。

（6）使用 Transient Analysis 命令。使用 Simulate 菜单中的 Transient Analysis 命令（单击 Simulate 菜单，在下拉菜单中选择 Analyses 命令，或直接单击"仿真工具"按钮 ▼），也可以获得选定电量的波形。

单击 Transient Analysis 命令后，出现附图 8-45 所示的 Transient Analysis 对话框。

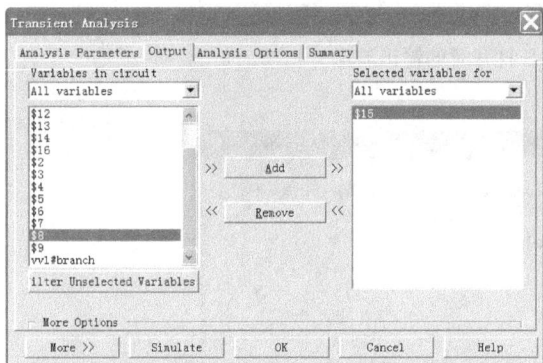

该对话框中包括 4 个选项卡，在 Analysis Parameters 选项卡中，包括如下项目：

附图 8-45　Transient Analysis 对话框

Initial conditions（初始条件）区：其功能是设置初始条件，包括 Automatically determine initial conditions（由程序自动设置初始值）、Set to zero（将初始值设为 0）、Userdefined（由用户定义初始值）及 Calculate DC operating point（通过计算直流工作点得到的初始值）。

Parameters（参数）区：本区的功能是对时间间隔和步长等参数进行设置，包括 Starttime（设置开始分析的时间），End time（设置结束分析的时间），Maximum time step settings（最大时间步长设置），Minimum number of time points（设置以时间内的取样点数来分析的步长，选取该选项后，在右边栏指定单位时间间距内最少要取样的点数），Maximum time step（TMAX）（设置以时间间距设置分析的步长，选取该选项后，在右边栏指定最大的时间间距），Generate time steps automat（设置由程序自动决定分析的时间步长）。

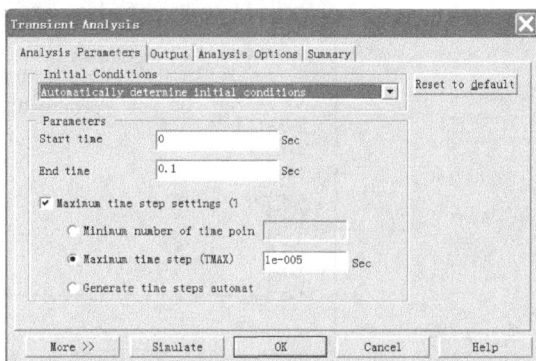

附图 8-46　Transient Analysis 对话框中的 Output variables 选项卡

对于本例，选取 Automatically determine initial conditions 选项，由程序自动设定初始值，然后将开始分析的时间设为 0，结束分析的时间设为 0.1s，选取 Maximum time step（TMAX）选项。另外，在 Output variables 选项卡中，选择节点 15 作为分析变量，如附图 8-46 所示；点击 Simulate 按钮进行分析，其结果如附图 8-47所示。它是附图 8-40 所示单管放大电路的输入信号波形。

分别将附图 8-40 所示单管放大电路的开关 S 打开、闭合，重新选择节点 8 作为分析变量，点击 Simulate 按钮进行分析，两种情况下输出电压的波形分别如附图 8-48、附图 8-49所示。

比较附图 8-48、附图 8-49 所示的波形，可以得出有关负载对电压放大倍数影响的结论。

五、思考题

（1）附图 8-32 所示单管放大电路中，如何将集电极电位 V_C 分别调整为 4V 和 11V？如何进行观测？试仿真并显示结果。

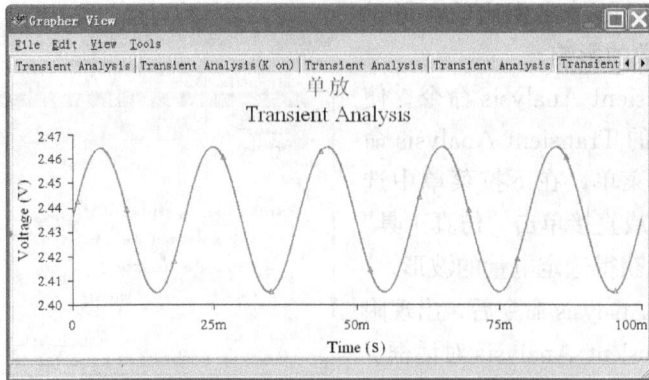

附图 8-47　附图 8-40 所示单管放大电路的输入信号

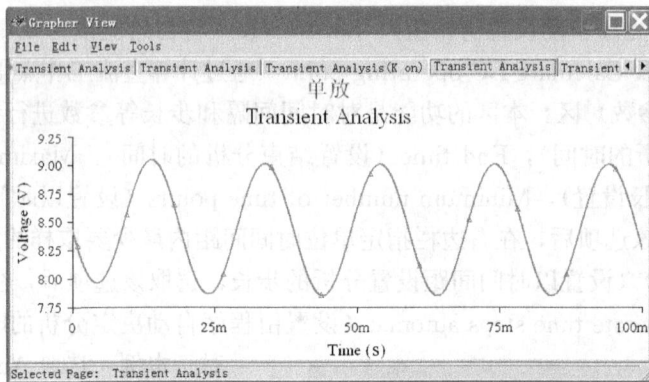

附图 8-48　开关 S 打开时的输出波形

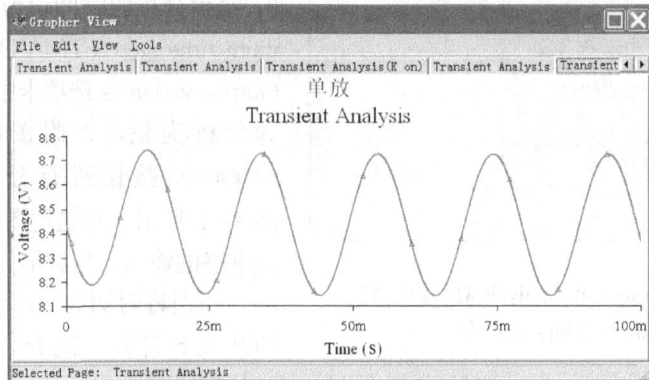

附图 8-49　开关 S 闭合时的输出波形

（2）如何使附图 8-32 所示单管放大电路出现截止失真？如何出现饱和失真？如何进行观测？试仿真并显示结果。

（3）如何改善附图 8-32 所示单管放大电路失真的情况？如何进行观测？试仿真并显示结果。

附录九　实验报告书写要求

1. 实验报告用纸

实验报告应使用专用的实验报告纸完成。

2. 实验报告的抬头格式

实验名称＿＿＿＿＿＿＿＿＿＿＿＿＿＿＿＿＿＿＿＿＿

专业＿＿＿＿＿＿　　班级＿＿＿＿＿＿　　姓名＿＿＿＿＿＿　　学号＿＿＿＿＿＿

实验台号＿＿＿＿＿　　日期＿＿＿＿＿＿　　指导老师＿＿＿＿＿＿　　成绩＿＿＿＿＿＿

3. 实验报告内容

(1) 明确写出实验目的、实验仪器和设备、实验原理及实验电路、实验内容等。

(2) 对有关参数进行理论计算，给出有关公式和计算出的理论值。

(3) 绘制实验数据表格，如实记录实验中测量的数据。

(4) 绘制曲线或波形。

有的实验还要求绘出曲线或波形。报告中的所有图表、曲线或波形均按工程化要求绘制。波形曲线一律画在坐标纸上（纸不小于 8cm×8cm），比例要适中，坐标轴上应注明物理量的符号和单位（例如电压 U，单位 V）、数值和比例尺。

实验测出的各个数据点应在曲线上表示出来（可用"×"或"○"画出），由各点绘出平滑的曲线。测量和计算存在误差，个别点可能分布在曲线的两边。

(5) 对实验结果进行分析，并做出结论。尤其实验测量数据与理论值相差较大时，应分析原因。

(6) 回答实验指导书中提出的思考题。

4. 对综合性实验报告的要求

与"3. 实验报告内容"基本相同。

(1) 根据教师对本次实验提出的要求，结合自己学习的实际情况，认真选择实验题目。

(2) 根据题目要求，选用实验电路和测试电路。计算要正确，步骤要清晰，画出的电路图要整洁，元器件符号应标准化。

(3) 自拟详细的实验步骤，包括实验电路的调试和测试步骤，绘制实验表格，对实验进行综合分析。

5. 对设计性实验报告的要求

设计性实验要求在实验前必须认真阅读教材，复习有关理论知识，查阅有关元器件手册及仪器的性能与使用方法，明确本次实验的目的、任务及要求，认真写出设计报告。设计报告的内容包括实验步骤，原理电路图，并计算出电路图中各元件的数值，主要参数的测量电路图；然后，将理论计算值和待测参数列成表格，以便实验时填写。

设计性实验报告应包括以下内容：①课题名称；②已知条件；③主要技术指标；④实验用仪器；⑤电路工作原理，电路设计与调试；⑥技术指标测试，实验数据整理；⑦整理电路原理图，并标明调试、测试完成后各元件的参数；⑧故障分析及解决的办法；⑨实验结果讨论与误差分析；⑩思考题解答与实验研究等。

　　最后，还应对本次实验进行总结，写出本次实验中的收获体会，如创新设计思想、对电路的改进方案、成功的经验、失败的教训等。报告应文理通顺，字迹端正，图形美观，页面整洁。

附录十　并行 EEPROM 手动读写器

并行 EEPROM 手动读写器适用于 28C64A（28PIN 的 DIP 封装）的手动读写。

一、并行 EEPROM 手动读写器原理

并行 EEPROM 手动读写器原理框图如附图 10-1
所示，原理图如附图 10-2 所示。

1. 地址发生器

附图 10-2 中由计数器构成的地址发生电路产生 13
位读写地址，按动读写键（S1）一次地址码加 1。该读
写装置可以进行初始地址预置，初始地址由 16 位拨码
开关（SK）中 SK1-12～4-SK1-0 给定，合上预置
开关（S3）按动读写键（S1）预置地址。地址预置完
成后，预置开关（S3）应打开（OFF），以便地址计
数器计数。

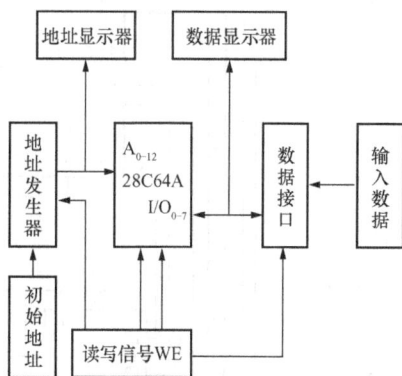

附图 10-1　EEPROM 读写器原理框图

2. 地址显示器

四位七段 LED 字符显示器以附图 10-3 显示四位 16 进制地址（0000～1FFFH）。

3. 数据显示器

二位七段 LED 字符显示器以附图 10-3 显示二位 16 进制数（00～FFH）。在读状态时
[读写开关 S2 合上（ON）]显示 EEPROM 相应地址单元的已存数据；在写状态时 [读写开
关 S2 打开（OFF）]显示由 8 位拨码开关（SK2）SK2-7～SK2-0 设定要写入 EEPROM 相
应地址单元的数据，按下读写键（S1）数据写入存储单元。

4. IC 插座

并行 EEPROM 手动读写器上 28 脚的双排标准插座用来插入待读写的 28C64A。在插拔
器件时应注意避免插座和 IC 芯片损坏，拔芯片时用 IC 起拔器。

二、读写 EEPROM

28C64A 为 CMOS 器件，使用时操作程序应符合 CMOS 器件使用的一般规则，禁止带
电插拔 CMOS 器件。

（1）读操作。关电源，插入 28C64A，设定起始地址后合上 S2，打开 S3；按动 S1 读数
据，连续按动 S1 可顺序读出地址单元数据。

（2）写操作。关电源，插入 28C64A，设定起始地址后合上 S2，打开 S3；按动 SK2 为
所需写入数据（数据显示器显示相应数据），确定后按动 S1，数据可写入 EEPROM。要连
续顺序写入数据，只要将输入数据改动后按动 S1 即可。

（3）设定地址。拨动 SK1 为设定地址，合上 S3，按动 S1 地址显示器显示所设定的地
址；地址设定后将 S3 打开。

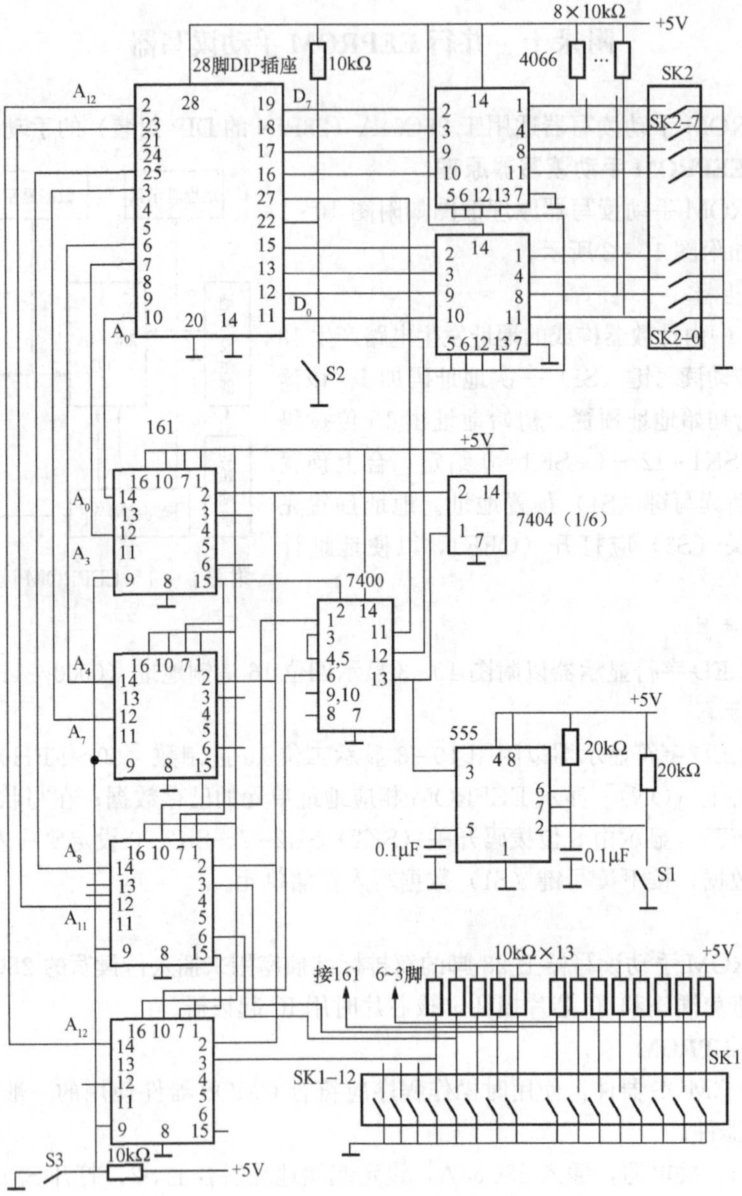

附图 10-2　并行 EEPROM 手动读写器原理图

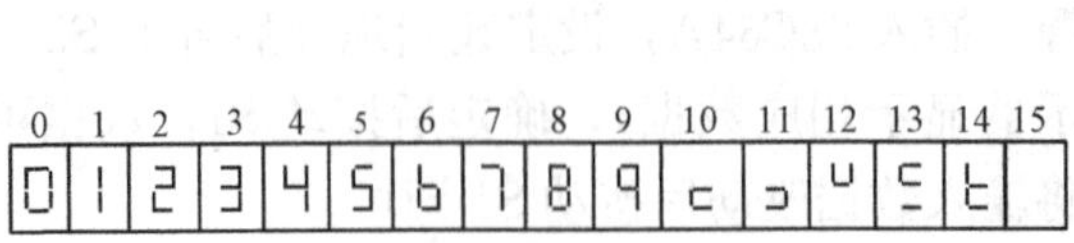

附图 10-3　16 进制地址

参 考 文 献

[1] 赵淑范，王宪伟. 电子技术实验与课程设计. 北京：清华大学出版社，2006.

[2] 毕满清. 电子技术实验与课程设计. 3 版. 北京：机械工业出版社，2005.

[3] 王立新，杨春玲. 电子技术实验与课程设计. 2 版. 哈尔滨：哈尔滨工业大学出版社，2005.

[4] 刘建成，王婕. 电子技术实验与设计教程. 北京：电子工业出版社，2007.

[5] 杨欣，王玉凤，刘湘黔. 电路设计与仿真——基于 Multisim 8 与 Protel2004. 北京：清华大学出版社，2006.

[6] 刘建清. 从零开始学电路仿真 Multisim 8 与电路设计 Protel 技术. 北京：国防工业出版社，2006.

[7] 刘军，赵旭. 电路与电子技术虚拟实验教程. 西安：西北工业大学出版社，2006.

[8] 陈光明，施金鸿，桂金莲. 电子技术课程设计实验与综合实训. 北京：北京航空航天大学出版社，2007.